幼児期の運動あそ

―理論と実践―

髙木 信良 編著

山﨑 英幸
矢野　　正
村田トオル
岸本みさ子
中村 泰介
阪江　　豪
吉井 英博
安井 嘉佑

共 著

まえがき

子どもの健全な成長を促すためには、よい環境の下で健康的な生活を送る必要がある。子どもたちは様々な環境に働きかけ、その環境からの影響を受けて成長していく。しかし、今日我が国の子どもを取り巻く環境は、科学文明の発達に伴う自然環境の破壊、減少をはじめ、核家族化の進行、少子高齢社会の更なる進行が大きな社会問題となっている。これにより日本文化の伝承の機会が少なく、子ども同士や子どもと周辺の大人たちとの接触の機会が減少することによって社会性が育ちにくく、健康を維持増進していく上で欠かすことのできない身体活動量の減少などによる体力低下に繋がるなど、様々な面で急激に変化し、必ずしも望ましいとは言えない。しかし次世代を担う健全な大人に成長することを期待し、それに向けて環境とあそびの関わりの重要性を考えながら、環境を整え、教育（保育）・指導を実践していかなければならない。

子どもは、運動あそびを通して様々な新しい経験を積み重ねて発展していくことが楽しみであり喜びなのである。楽しいからよくあそぶのであり、それが心身の発育・発達に影響を与え、運動技能も向上し身についてくるのである。したがって、運動あそびは、子どもの成長にとって必要であり、欠かすことのできない重要なものである。

幼児期に整った環境の下で適切な運動あそびの指導によって健全な心身の成長を促進させることが大切であり、両親をはじめ保育者または地域社会における指導者がこの重大な任務を背負っているのである。

このたび、就学前の子どもに関する教育・保育等の総合的な提供の推進に関する法律の一部を改正する法律により、就学前の子どもに関する教育・保育の制度が大きく変わり、幼稚園（文部科学省）、保育所（厚生労働省）に加え、幼保連携型認定こども園（内閣府・文部科学省・厚生労働省）の幼稚園と保育所の両方の機能を持ち合わせた新しい施設もでき平成27年4月1日より施行されることとなった。

これまでも幼稚園教育と保育所における教育内容の整合性が図られて来ましが、新たに2,018（平成30）年度に幼稚園教育要領、保育所保育指針、幼保連携型認定こども園教育保育要領が改訂（定）され、施行されることとなった。また、子どもの体力低下の対策として2012（平成24）年3月「幼児期の運動指針」（文部科学省）が策定され、全国の各幼稚園・保育所・認定こども園に配布され、通達されました。

大きな変革の中、新しい内容を盛り込み、保育者養成や幼児の指導実践で活躍中の研究者（指導者）に加わっていただき、近い将来幼児教育（保育）に携わることを志望している学生および教育・保育実践の現場の保育者の方々に役立てていただけるような出版物を企画したものである。

第1部の理論編では、幼児期の生活や発育・発達の様相を把握するための基礎的・理論的根拠を明らかにし、幼児教育の現場でも役立てられるよう幼児体育の指導案も盛り込んで解説している。

第2部の実践編では、新鮮で新しい観点から個々の具体的なあそびを分かりやすく、基本的なあそびから進化・発展のさせ方などを参考にしていただけるよう、イラスト入りで解説し、幼児教育（保育）の現場でも容易に利用できるようにしました。

本書が、幼児体育の指導現場に役立てていただき、これからの幼児教育（保育）、幼児体育指導に貢献することができるよう願うものである。

最後に、本書の出版を快く引き受けくださいました不昧堂出版代表取締役宮脇陽一郎氏、また、多大なご協力・ご支援をいただきました箕面学園福祉保育専門学校副校長の野中耕次氏に深甚なる謝意を表したい。

2020年4月

編著者

目　次

第二部　実践編

第1章　基本的運動あそびと集団の扱い方

第2章　固定遊具を使った運動あそび

第3章　大型遊具を使ったあそび

第４章　小型移動遊具を使った運動あそび

第5章　集団あそび

第6章　運動能力を引き伸ばす体感あそび

第一部
理論編

第1章　乳幼児期の健康生活

1．乳幼児期の生活と運動

　乳幼児期には、乳幼児にとってふさわしい生活が保障され、保護者や保育者等の特定の大人との人間関係を軸にして営まれる生活からより広い世界に目を向け始め、生活の場、特定者以外との関係、興味や関心などが急激に広がり、依存から自立へと向かい始める。その発達をする過程での乳幼児の生活は、すべてが運動であり、あらゆる動きそのものが新しい動きであり、成長過程において重要な運動である。乳幼児期の運動発達の段階や特徴を考える場合は発達の過程をいくつかの段階に区分して捉えることが多く、ガラヒュー（Gallahue.D.L）は人間の運動発達を段階別に分類した。それによると、胎児期から1歳ごろまでに見られる初期の運動様式は「反射的運動の段階」と呼ばれ、反射活動の時期である。出生直後は反射的な運動が、動き全体の9割以上を占めている。その後、2歳ごろまでは「初歩的運動の段階」と呼ばれ、反射活動が徐々に消失し、随意運動が見られるようになり、はう・歩くなどの動きが可能になり、活動範囲が広がる時期でもある。6歳ごろまでの時期を「基本的運動の段階」と呼び、この時期が運動発達において大切で、この時期に多種多様な運動経験を積み重ねることが重要である。この段階における運動経験が少ない場合や運動の偏りがあった場合は、新たな運動の習得が困難になることや、習得するために多くの時間が必要となることがある。

　近年、子どもたちを取り巻く環境が変化したことによるあそび場の減少、あそびの内容の変化、子どもの運動不足、肥満の増加、夜型化した生活習慣、食習慣の変化などが問題視されている。乳幼児に必要な活動量を確保し、心身ともに健やかな成長を促すためにも、子どもの基本的生活習慣を見直す必要がある。

2．基本的生活習慣

　幼児が健やかな生活を送るためには、発育発達に適した食事・睡眠・排泄・運動などの基本的生活習慣を獲得することが重要であり、これらを身につけることにより、子どもの活動量の確保と健やかな心身の成長を促すことにつながる。また、身体の成長はもちろんであるが、幼児の自主性や自立心の育ちを促し、情緒の安定にもつながる。そして「幼児期の終わりまでに育ってほしい姿（10の姿）」にも大きく関わってくる。この10の姿は、卒園までに子どもたちが「なるべき姿」ではなく、あくまでも5歳児後半までの成長の目安であり、ならなければならない姿ではない。子ども一人ひとりにはそれぞれの個性があり、成長のペースはさまざまであるので、幼児期の姿と小学生の姿をつなげ、子どもたちの成長を連続的なものとして捉えるときに役立つことが期待される。

　幼児期においては日常生活の中で基本的生活習慣を繰り返し行うことで、幼児自身の自主性（自立心）を身につけ、心身の成長に重要な役割を果たす大切な時期でもある。そこで、幼児期に身につけるべき基本的生活習慣を再確認するとともに、現代における幼児の生活の見直すべき課題を明確にしていく。

1）睡眠習慣の重要性と現代の課題

　人生のおよそ三分の一は、睡眠だといわれている。睡眠は生物の機能を維持するうえで重要な機能で、特に子どもにおいては、心身の健全な発育発達のためにも重要であることは広く知られている。睡眠をとることにより、寝る子は育つといわれるように成長ホルモンが分泌される。睡眠の質を高めるためには昼間は朝の光を浴びることで体内時計がリセットされセロトニンが分泌され、夜間は体温を下げて眠りにいざなうメラトニンが分泌されることが重要である。

　乳幼児の睡眠は、多相性睡眠と単相性睡眠があり、前者は3歳ごろまでで夜だけの睡眠だけでは足らず昼寝が含まれ約11〜12時間程度、後者は5歳ごろには昼寝の必要がなくなり大人と同じ睡眠パターンへと移行する子どもが多く見受けられ、睡眠時間は10〜11時間程度で、6歳ごろには10時間程度の睡眠時間になる。この睡眠のリズムは、大人の協力のもとに形成されるものであるため、子どものために睡眠環境を整えてあげることが心身の発達に重要である。

　2010年度に実施された「幼児健康度調査」の結果によると、22時以降に就寝する子どもの率は、2000年に比べると減少しており、夜型化に少し歯止めがかかりつつあるが、5-6歳児でも4人に1人は22時以降に就寝しており、遅寝遅起きの子どもが数多くみられる。(表1-1)

　5-6歳時点で最も多い就寝時刻は21時台で57.3%、次いで22時台が21.8%であり、21時以前に就寝する子どもは12.9%で約8人に1人しかおらず、これは親が残業等で帰宅が遅くなってきていることも影響している。お母さんが働いている家庭では、お母さんの労働時間が長いほど22時以降に就床する子どもの割合が多いことが分かっており、今後女性の社会進出はますます進むことが予想されるので、親のライフスタイルによって子どもの睡眠も大きく影響を受けることを意識すべきである。前述したとおり、睡眠の質を高めるホルモンであるメラトニンは暗くなると分泌が促されるが、煌々と電気が点いている中ではメラトニンの分泌が抑制され、睡眠の質がいいものにならない。それが続くと睡眠障害などを引き起こす可能性がある。

　このことからも、基本的に子どもの生活は大人にゆだねられており、大人が睡眠に対する意識改革を行い、子どもの成長にふさわしい生活リズムを確保する工夫が望まれている。

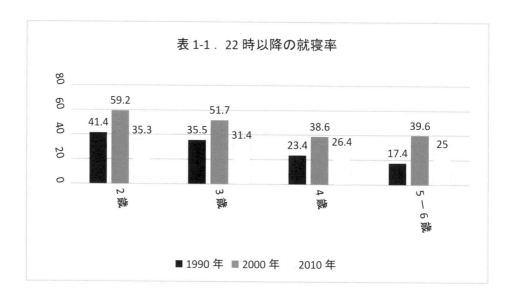

表 1-1．22 時以降の就寝率

2）食事習慣の重要性と現代の課題

　食事は、生きるための基本であり、子どもの健やかな心と身体の発達においてとても重要で欠かせないものである。食事の大切さを意識し、豊かな食の体験を積み重ねていくことで、子どもは生涯にわたって健康で楽しい食生活を送ることができる。子どもの健やかな心と身体を育むためには、いつ・どこで・誰と・どのように食べるかということが重要で、人との関わりも含めてこれらのバランスがとれることにより、子どもにとって楽しい食卓を作り出し、心理面・社会面での安定をもたらし、健全な食生活の基礎となっていくのである。楽しく食べることを継続的に経験すると、子どもの日常生活においても好奇心・自発性・積極性の発達が促され、生き生きとした生活を営むことにつながる。

　「食べる意欲の発達」＝「心の発達の原動力」ともいわれている。

　厚生労働省の「食を通じた子どもの健全育成（－いわゆる「食育」の視点から－）のあり方に関する検討会」報告書についての中で「楽しく食べる子ども」に成長していくために、具体的に下記の5つの子どもの姿が目標とされている。

①食事のリズムが持てる子どもになるには、空腹感や食欲を感じ、それを適切に満たす心地よさを経験することが重要である。

②食事を味わって食べる子どもになるには、離乳期からいろいろな食品に親しみ、見て、触って、自分で食べようとする意欲を大切にし、味覚など五感を使っておいしさの発見を繰り返す経験が重要である。

③一緒に食べたい人がいる子どもになるには、家族や仲間などとの和やかな食事を経験することにより、安心感や信頼感を深めていくことが重要である。

④食事作りや準備に関わる子どもになるには、料理や買いものなど食事の準備を体験させながら、ときには栽培や収穫などを通して、子どものできることを増やしていくことが重要である。

⑤食生活や健康に主体的に関わる子どもになるには、幼児期から食事づくりや食事場面だけでなく、あそびや絵本などを通して食べ物や身体のことを話題にする経験を増やしていくことが重要である。

これらの目標とする子どもの姿は、それぞれに独立したものではなく、関連し合うものであり、それらが統合されて一人の子どもとして成長していくことが目標である。

　食事習慣において現代の課題としてあげられるのは、発育・発達の重要な時期での栄養素摂取の偏り、朝食の欠食、小児期の肥満の増加など、問題は多様化、深刻化しており生涯の健康への影響が懸念される。また、食事作りに関する必要な知識や技術を十分に有していない親の増加、社会環境やライフスタイルの変化に伴い親子のコミュニケーションの場となる食卓で家族そろって食事をする機会が減少しており、子どもが一人だけで食べる「孤食」が増加していることやファーストフードやコンビニエンスストアが町のいたるところにあることで簡単に食べられるものが増えたこともあげられる。そういったところで購入できる食品の多くは野菜が少なく、咀嚼回数も少なくて済む食品が多く、これらを摂取することにより過食傾向で高エネルギー・高脂質になりやすく、幼児期の肥満が社会問題となっている。

　先にあげたように朝食摂取の現状も課題である。2000年度と2010年度に行われた幼児健康度調査を比べると朝食接種の状況は、好転しているが毎日摂取できていない子どもがいることは確かである。（表1-2、1-3）朝食を抜くことによって、身体を動かすエネルギーや脳の活動を活発にするエネルギーも不足するため、朝から無気力で活動に参加できない子どもが見受けられる。こういった子どもたちは、お昼の食事までエネルギーがもたずに動けなくなることや考えることができなくなることもあるので、ある園では、朝食を食べていない子どもを集め、軽食を与えてから保育を始めるという取り組みをしているところもある。朝食を食べる割合は増えているがその内容に問題があることがいわれており、牛乳だけ、ジュースだけ、チョコレー

トだけなど朝の活動のエネルギーになる朝食を摂取できていないケースが多いようである。何も食べないよりはいいかもしれないが、大人たちが食事の重要性を再確認する必要がある。

　こういった栄養や食事の取り方の乱れや、前項でも述べた不規則な睡眠をとることにより、子どもたちの身体に様々な変調をもたらしている。大人の疾患だといわれていた肥満・糖尿病・高血圧・心疾患などの生活習慣病に幼児期から罹患する可能性が高まっており、現在では幼児の肥満が問題視されている。（表1-4）

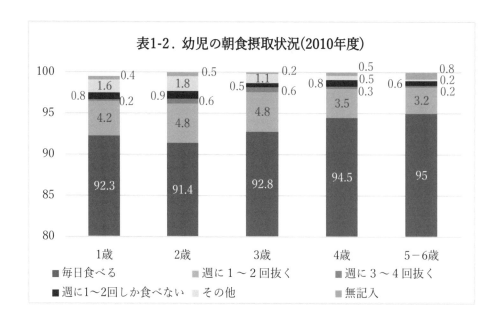

表1-2．幼児の朝食摂取状況(2010年度)

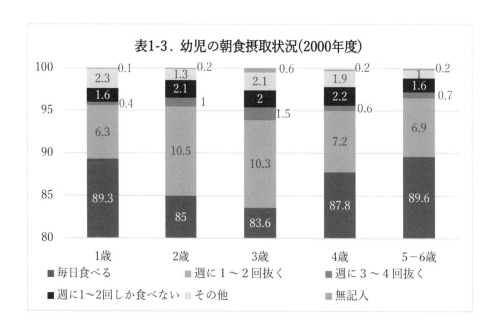

表1-3．幼児の朝食摂取状況(2000年度)

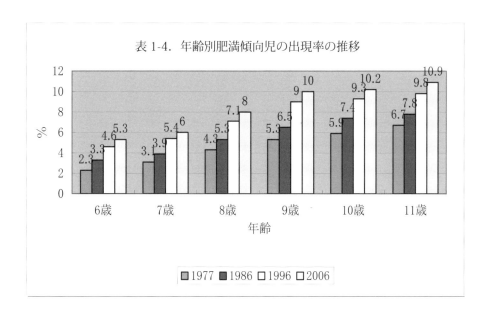

表 1-4.　年齢別肥満傾向児の出現率の推移

■ 1977　■ 1986　□ 1996　□ 2006

3）排泄習慣の重要性と現代の課題

　幼児期における「おむつ外し」は、離乳とともに子育ての大きな課題となっている。おむつが外れたからといって、排泄の自立ができているかというとそうではない。排泄行為は動物の生理現象であるが、排泄後にきちんと処理をする、トイレをきれいにする、手洗いをする、ドアをノックする、スリッパを揃えるなどの行為は人間独自のものであり、この自立が人間らしさの基本である。これらのマナーを習慣として身につけていくことが大切であり、本来の意味での自立である。

　乳児期の排泄は反射行為であるが、徐々に規則的になり、回数も減少する。排泄のしつけは 1 歳ぐらいから徐々に始め生活リズムを考えて習慣化していくことができ、1 歳 6 ヶ月〜2 歳未満では便器での排泄に慣れ、2 歳児では促されて自分でトイレに行くことができ、3 歳児では適宜トイレに行き自分で排泄ができ、自立へと進んでいく。

　2010 年度に行われた幼児健康度調査によると、排尿のしつけは、「まだ始めていない」が、1 歳児で 89％であるが、1 歳 6 ヶ月では 56％となっており、この時期に約 50％が排尿のしつけを開始しているようである。これを 1980 年からの経年変化で見てみると、1 歳児で「まだ始めていない」ものは、1980 年 28％、1990 年 67％、2000 年 86％と非常に増加している。一方、1 歳児と 1 歳 6 ヶ月で「だいたいうまくいく」ものは、1990 年で 0.8％、11％、2000 年で 0.4％、2.7％、2010 年で 0.3％、1.7％といずれも減少している。この 20 〜 30 年で排尿のしつけ開始時期が遅くなってきている。この現象は、排便にも現れてきており、紙おむつの普及などの影響だと考えられる。

　また、排泄様式の変化も子どもに影響を与えている。便器の主流が和式トイレから洋式トイレになったことによって、便座に座ることが増え、しゃがむ習慣が減少し、しゃがめない子どもが増加している。幼児期のトイレトレーニングで使用するおまるなどで便座に慣れた子どもがそのまま洋式トイレへと移行していき、様式でないと用を足せない子どもが増えている。では、どのような影響が子どもに出てくるのかというとしゃがむという動作は、足の屈伸運動であり、しゃがんだ時には身体を安定して保つという動作でもある。このしゃがむ動作の繰り返しが減少することにより、多少ではあるが運動量の減少につながり子どもの運動能力にも影響が出てくる。

3．あそび環境の変化

　最近では「さんま（三間）が絶滅の危機にある」という言葉まで出始めている。これは、地域社会だけでなく家庭環境の変化も意味している。「さんま（三間）が絶滅の危機にある」とは、交通量の増加や子どもに関わる犯罪の増加により、戸外で自由にあそぶ危険性の増加により、家の中であそぶ子どもが増えたことや社会環境の変化によりあそぶ場所（空間）自体が減少、園から帰ってくると習い事に出かける子どもたちが増加しておりあそぶ機会（時間）が減少、また、その影響で友だち（仲間）とあそぶことも少なくなってきているということを意味している。この現状を変えることは難しいので、子どもの運動時間を確保するためには、保護者が子どもと一緒にあそぶことが大切である。近

年、父親が育児や子どもとのあそびに以前よりも関わっているという調査結果（2010 年度分）が 1980 年から 10 年ごとに行われている幼児健康度調査（特例社団法人　日本小児保健協会）において報告されている。また、その中でテレビ・ビデオの視聴時間とテレビゲームの操作時間が発表されている。10 年前に比べて 4 時間以上テレビ・ビデオを視聴している割合がどの年齢でも増えている（表 1-5）。が、テレビゲームを操作する時間は大幅に減少している（表1-6）。このことから、1 日のうちかなりの時間をただ座って画面だけを見て過ごしていることがうかがえる。このような現象によって、子どものあそび（戸外あそびや友だちとのあそび）や日常生活経験を狭め、社会性を中心に子どもの全体的な発達への影響が危惧される。

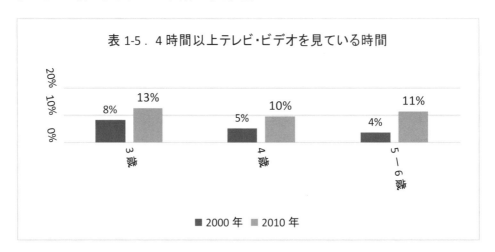

表 1-5．4 時間以上テレビ・ビデオを見ている時間

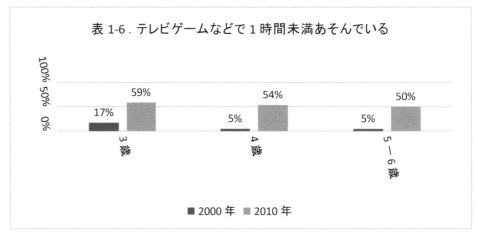

表 1-6．テレビゲームなどで 1 時間未満あそんでいる

４．幼児期の運動あそび

1）運動あそび

　運動あそびとは、主に身体を使ったあそびのことで、そのあそびを通して心身の発育発達がなされていく。幼児期は、運動機能が急速に発達し、多様な動きを身につけることができる時期であり、あそびを通して様々な刺激を与えて、体内により複雑な神経回路を張り巡らせることが重要である。この神経回路が張り巡らされると、身のこなしや力加減のコントロールなどができるようになる。そのことを踏まえて、保育現場では走る・跳ぶ・投げるなどの全身運動を伴うあそびや運動遊具、固定遊具を使った活動を取り入れることが重要である。もちろん、あそびの一環として取り組むことが重要であり、同じ活動でも子ども個々の育ちは異なることを理解しなければいけない。

　幼児期の基本的な動きは、「安定性（身体のバランスをとる動き）」、「移動（身体を移動する動き）」、「操作（用具などを操作する動き）」の３つのカテゴリーに分類され、それぞれに多種多様な基本的な動作があり、その数は８４種類である（表 1-5）。この動作を獲得するためのあそびの活動を保育者が考えなければいけない。

　身体を動かすあそびをすることにより、楽しんで夢中になってあそんでいるうちに多様な動きを総合的に経験することになり、様々なあそびをすることによってその中に複合的な動きが生まれ結果的に多様な動きを経験、獲得することができる。また、幼児が自発的にあそびを体験し、あそびが楽しく、自ら様々なあそびを求めるようになればあそびもさらに広がりより一層効果が出ると考えられる。

2）健康と運動あそび

　現代の子どものあそびは屋外から室内へ、動的なあそびから静的なあそびへと変化している。しかし、幼児期は基礎的な習慣を身につける時期であるとともに、健康な身体づくりの基礎となる時期でもある。

　平成 30 年に改訂された保育所保育指針や幼稚園教育要領において、幼児期の運動は、5 領域の中の「健康」の領域の解説で※1「健康な心は、自ら体を十分に動かそうとする意欲や進んで運動しようとする態度を育てるなど、身体の諸機能の調和的な発達を促すうえでも重要なことである。特に幼児期においては、自分の体を十分に動かし、子どもが体を動かす気持ちよさを感じることを通じて進んで体を動かそうとする意欲などを育てることが大切である。」と述べられている。このことからも分かるように、幼児期の運動は基本的にあそびであり、運動能力の向上だけを目指したものではなく、子ども自身が運動することが楽しいと感じ、経験することが重要であり、運動を通して身体だけでなく心の面でも健康になることが目的であると考えられる。また、「進んで戸外で遊ぶ」ということが目標に掲げられているが、近年、地域や家庭において戸外であそぶ経験が少ないことから、戸外でのあそびの楽しさに気づかないまま、室内あそびに偏りがちになっている。戸外に出ると子どもは解放感を味わいながら思い切り活動でき、子どもの興味や関心を喚起する自然環境に触れたりすることにより、様々な活動を主体的に展開できるようになる。このように子どもが成長していくためには、保護者と保育者がそのような環境を与えてあげることが大切であり、そこで子どもたちがあそぶことで創造力や自立心が身についてくるのである。

表1-7. 基本的な動作と分類（８４種類）

カテゴリー	動作の内容	個々の動作個々の動作個々の動作		
安定性	姿勢変化 平衡動作姿勢変化 平衡動作姿勢変化 平衡動作	たつ・たちあがる おきる・おきあがる まわる ころがる ぶらさがる	かがむ・しゃがむ つみかさなる・くむ のる のりまわす うく	ねる・ねころぶ さかだちする わたる わたりあるく
移動	上下動作	あがる・とびのる とびつく とびおりる	はいのぼる・よじのぼる とびあがる すべりおりる	のぼる おりる とびこす
	水平動作	はう およぐ あるく ふむ	すべる スキップ・ホップする ２ステップ・ワルツする はしる・かける・かけっこする	ギャロップする おう・おいかける とぶ
	回避動作	かわす かくれる はいる・はいりこむ	くぐる・くぐりぬける にげる・にげまわる	とまる もぐる
操作	荷重動作	かつぐ ささえる はこぶ・はこびいれる おす・おしだす もつ・もちあげる・もちかえる	あげる うごかす こぐ おこす・ひっぱりおこす	おさえる・おさえつける つきおとす なげおとす おぶう・おぶさる
	脱荷重動作	おろす・かかえておろす うかべる	おりる もたれる	もたれかかる
	捕捉動作	つかむ・つかまえる とめる いれる・なげいれる ふる・ふりまわす あてる・なげあてる・ぶつける	うける うけとめる わたす ほる	まわす つむ・つみあげる ころがす
	攻撃的動作	たたく つく たおす・おしたおす ひく・ひっぱる うつ・うちあげる・うちとばす	わる なげる・なげあげる しばる・しばりつける ふりおとす	くずす ける・けりとばす あたる・ぶつかる すもうをとる

［参考文献］
・高木信良編著『最新版　幼児期の運動あそび　―理論と実践―』不昧堂出版、2009 年
・日本小児保健協会『平成 22 年度幼児健康度調査報告書』2010 年
・『食を通じた子どもの健全育成（―いわゆる「食育」の視点から―）のあり方に関する検討会報告書』厚生労働省、2004 年
・『幼児期運動指針ガイドブック』文部科学省、2012 年
【引用文献】
※１「保育所保育指針解説」厚生労働省、平成 30 年、191 頁～ 192 頁
表１～４日本小児保健協会『平成 22 年度幼児健康度調査報告書』2010 年のデータを使用。
表５は、1980 年に体育科学センターが提案したものを使用。

第2章　幼児期の発育・発達

1．発育と発達

　身体各部分、各器官の発育・発達は、急速に発達する時期、発達の程度やその完成の時期などは、それぞれ異なっている。出生から乳児期、幼児期、児童期へと歩むその過程において、社会や環境からさまざまな刺激を受けて、その発育・発達に強い影響が生じる。特に、乳幼児期の発育・発達は、一生涯の中でも最も著しく、人生を通してこの時期の影響を最も強く受けるといわれている。

　発育（growth）は、からだの形態的（量的）な増大のことで、身長、体重、胸囲、座高などの数値で表すことができる。発育は、細胞数の増加、細胞のサイズの増大、すなわち肥大化、細胞間物質（細胞の支持組織）の増加などによってもたらされる。一方、発達（development）とは、広範な概念を示し、内容によって2つの異なる意味合いが指摘されている。第1の内容は、生物学的なもので、機能の特殊な方向へ沿った細胞の分化である。これは、組織器官のほとんどが形成される胎内の初期に起こる変化であり、主として遺伝子（gene）や遺伝子群の活性と抑圧に依存して生じるものである。しかし、身体のいろいろなシステムはそれぞれ機能的に高まっていき、機能の発達は生後も続いていく。第2の内容は、相互の関連領域における能力（capacity）の発達と関係している。子どもが生まれ育った環境（environment）の独特な文化的背景の中でどう適応するかである。つまり発達とは、運動能力（立つ、歩く、跳ぶなど）、言語能力（話す、聞く、理解するなど）、内臓機能の向上など、身体の機能的（質的）な変化や向上のことである。なお、ここには衰退的変化や消失することも含まれる。

　身体の発育・発達は、一般的には頭部から足部へ、体幹から末端へと発達するが、その発達の度合いは身体の各部が同比率で増大するものではない。これは、身体の内部諸器官にもいえ

ることである。身体諸臓器の発育状況を、組織や器官ごとに4つの系統に分け、図2-1のように「発育曲線」として、スキャモン（Scamon,R.E）は例示している。発育・発達の完成年を20歳に設定し、この時期を100％として各年齢の増加割合を示したものである。

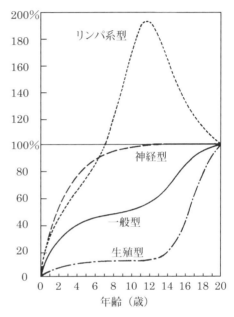

図2-1　スキャモンの発育曲線
（Scammon, 1930）

　一般型（general type）は、形態（身長、体重、座高、胸囲）のほか筋肉、骨格、諸臓器、血液量、大動脈などの身体組織の発育状況を示し、出生後急激に発育し、7歳から12歳までは緩やかに増加し、第2伸長期にあたる思春期には急激に増育量を増やして、全体としてはS字状の発育曲線を示して20歳に到達する。筋肉の発育でみると、5歳児で成人の30％程度の発育にすぎず、筋肉運動はまだ十分な対応能力がないことを示している。

　神経型（neural type）は、脳、脊髄などの神経組織の発育がこれに属する。頭部は出生後、他の身体の部分に比べて急速な発育を続ける。乳幼児期の発達が顕著で、5歳児で成人の80％に、7〜8歳で90％に達し、それ以後は

ゆっくりと成人の値に達する。同じ速度で脳の重量も増加し、運動機能や精神機能の発達も著しく、幼児期には、後述するが知的な事柄を受け入れる素地や下地ができていると考えられる。

リンパ型（liympoid type）は、胸腺、扁桃腺、アデノイド、リンパ節などの組織に関係する発育がこれに属する。幼児期および児童期に急速に発育し、7歳頃にはすでに100％、12歳頃には190％にも達するが、その後次第に委縮し、成人の域（100％）に達する。幼児期から小学校低学年にかけて多く見られる扁桃腺の生理的肥大は、この時期の抵抗力が弱く、外界から親友する病原菌などを防ぐためである。

生殖型（genital type）は、睾丸、卵巣、子宮などの生殖器官の発達がこれに属する。思春期までは、緩やかな曲線を描いて発育するが、思春期以降に急激な発育を見せる。これは、思春期をコントロールする内分泌系の発達によるもので、全身的な性差（sex difference）がはっきり現れる時期である。

このように、身体の発育・発達というのは、それぞれに特徴ある経過をたどり、身体全体として完成を迎えるのである。

2．身体発達の特徴

一般的に、発達による変化の著しい時期を目安にして、人間の一生をいくつかの段階に分けることが可能である。人間の発達による能力差に基づいて、法律的・慣習的な段階区分が行われることが社会的な常識となっている。例えば日本では現在、未成年と成人、あるいは大人と子どもの区別がいたるところで日常的にみられる。古くは、若衆、年寄、隠居などの区分もあった。

さて幼児教育は、人間の発育・発達と密接に関連する。効果的に、教育的行動や活動が行われるためには、幼児の発達段階に応じた適切な行動や支援がなされなければならない。どの段階において、どのような指導を行うべきかについては、各発達段階における幼児の身体的特性を知り、その意味を理解してはじめて可能になる。

人間は、受精後3ヶ月を胎芽期とよび、受胎後約280日の胎児期を経て誕生し、新生児期、乳児期、幼児期、児童期、青年期と発達して、約18〜20年にして社会的に自立することが可能となる。自立するまでの発達段階は、人間が人間らしくなるために必要な身体的・精神的機能が段階を追って形成されていき、各段階にはそれぞれの意味がある。

また発育・発達には、頭尾法則と中枢末端法則の主に2つの法則がある。頭尾法則とは、発育・発達が頭部から足部へと進むことであり、中枢末端法則とは、体幹から末端部である四肢へと発育・発達が進むことで、この法則は受精後から成熟するまでのすべてに当てはまるといわれている。また、分化と統合の法則もある。

人間の発育・発達の段階（stage）を見るとき、その一生をいくつかのステージに分けるが、ここでは先に述べた、胎児期、新生児期、乳児期、幼児期、児童期、青年期とし、各段階の身体発達の特徴を詳しく見ていくことにしたい。

1）胎生期

人間の生命は、卵子が精子を受精した時から始まる。胎児期とは、受精から出産までの約280日、40週をいう。卵体期、胎芽期、胎児期の3期に分けられる。

卵体期とは、受精した卵子が子宮に着床するまでの約1週間をいう。この時期は、受精卵（zygote）がそれ自身の栄養で生存しているので、その大きさはあまり変えられない。第2週から2ヶ月の終わりまでを胎芽（embryo）期という。この時期は人間の形態ができる時期であり、胎児期の中で最も重要な時期である。この時期におけるカルシウム、鉄分、ヨード、酸素、ビタミン類などの不足、放射能や薬品摂取など胎内環境の異常は、胎児の形態や機能に影響や障害を及ぼす可能性が高い。胎芽は、内・中・外層からなり、内胚葉からは消化器、呼吸器、肝臓、心臓などが生じ、中胚葉からは、筋肉、骨格、血管、腎臓、膀胱、生殖器などが分化し、外胚葉からは、脳、脊髄、神経系、感覚器官、皮膚およびその付属物（髪、爪、汗腺、口、

肛門）などができる。

　胎芽期が形の出来上がる時期で、次の胎児（fetus）期は、胎児が肥大する時期であるといえる。胎児の心臓の鼓動は、すでに第 3 週に始まっている。5 ヶ月になると運動も次第に活発になり、母体でも感じられるようになる。

2）新生児期

　WHO（世界保健機関）は、胎児が子宮から外界に出て、生後 28 日未満を新生児としている。小児は、生まれる際に人間として完全な変身を遂げる。その変化とは、胎盤循環から肺循環へと移り変わることである。胎児は自ら呼吸する必要もなく、食事を摂ることもなかったが、いったん外界へ出ると自力で呼吸や食事をする必要に迫られ、温度変化への対応も母体内より激しい。ポルトマン（A. Portmann）は、人間の赤ちゃんの「生理的早産」説を主張した。生理的早産とは、人の赤ちゃんが、他の離巣性の哺乳類と比較して未熟な状態で生まれてくることを表した心理学の用語である。新生児は、このように激しい環境変化に対して、生命を維持するのに最小限必要な機能を調整をし、外界の環境に適応する時期であるといえる。

3）乳児期

　WHO（世界保健機関）は、新生児期の終わりから 1 歳半（18 ヶ月）までの間、乳歯萌出が終わる頃までを乳児期としている。乳児期の発育・発達は、人の一生の中で最も著しく前進に大きな変化をもたらす時期である。

　身長・体重の成長は迅速であり、出生時の体重は 4 ヶ月で 2 倍、11 ヶ月で 3 倍になり、初期には 1 日に 20 〜 30g 増加する。身長は生後 1 年の終わりには 20cm 増加する（最初の数ヶ月に 3 〜 5cm）。成長の間に種々の組織も成熟するが、最も重要なものは、神経系の髄鞘化の完成と、消化器の成熟である。また、乳児に特有の生理学的特徴として、体温調節と自然に対する防御力の不足の 2 つがあげられ、寒さにも暑さにも抵抗力が弱い。3 ヶ月までは、乳児は母体からもらった抗体により、感染症等からほ

とんど守られている。

4）幼児期

　幼児期の発育・発達の特徴は、乳児期に見られる急激な発育から、緩やかな発育となり、一般的に太る充実期から伸長期へと移り、長育が旺盛な時期である。近年は、標準型に属する幼児に比べて、肥満型や痩せ型が増加し体型が二極化しているといわれている。このようなことからもこの時期において、特に部分的な発育について重点を置くよりも、形態的に身長と体重のバランスの取れた状態で発育が進むことに、より注意を払わなければならない。さらに、神経系の発達が急激になされ、骨格もしっかりと硬化してくる時期でもある。

5）児童期

　児童期は、就学年齢（6 歳）から 12 歳までを指す。この時期は、小学校の在学期間と合致することから、学齢期と呼ばれることもある。学齢期が教育制度に基づく区分であるのに対して、児童期は心身の発達に従って設けられた区分である。

　児童期は、6 〜 7 歳の伸長期、8 〜 10 歳の充実期、11 歳からの伸長期の初期の各段階を含み、身体面で著しい発育を示すが、そのような変化を基盤として、運動機能、特に感覚・運動系の協応動作が精緻化されていく。

6）青年期

　青年期は、人間の誕生から死に至るまでの発達過程における特徴的な時期であり、子どもから大人への過渡期といえ、現代は生きづらいさまざまな問題や葛藤を抱える時期ともいえる。青年期は、乳児期に起こった筋肉・骨格・内臓全体の急激な成長が再び起こるが、量的に増大するだけではなく、生殖器系の急激な成長に伴い、いわゆる第 2 次性徴期の発達が起こり、身体全体の質的な変化も起こる。男子では、陰茎、睾丸（生殖器）の発達、声変わり、咽頭部の突出、女子では、乳房の発達、骨盤の拡大などが起こり、そして両性においては陰毛の発生

がある。このような身体の質的変化は、児童期まで長期間安定していた自己の身体像（ボディ・イメージ）を打ち破るものであり、心理的なショックは大きいといわれる。

3．身体発達に関する課題

1）身体発達に及ぼす要因

（1）遺伝的要因…親の遺伝形質により身体発育が影響される。肥満傾向も似ることがあるといわれている。

（2）生物学的要因…妊娠期間、出生順序、栄養、母親の年齢、疾病の有無などで身体発育が影響される。

（3）自然環境的要因…気候風土、地理的な差異、季節、気温、湿度、標高などで身体の発達に影響がある。

（4）社会的要因…文化、時代、経済、政治、貧富、戦争なども身体発達に影響があることが、歴史的に明らかとなっている。

2）年代別課題

　乳児期は、一生涯を通して発育が最も盛んな時期であり、身体的にも精神的にも進歩が著しい。この時期は、体重を測定してその増加が順調であるかを確かめたり、先天性の異常や病気がないか、へそ（臍）の異常、股関節脱臼、斜頸、心臓奇形などに関して異常がないかを確かめておく。

　幼児期は、身体発達とともに運動機能も発達して運動量や身体活動量も増え、誤って事故を起こしやすい時期である。常に、環境の整備に気を配り、交通事故、溺水、墜転落、火傷、異物の誤飲などに特に留意する。また、機能面に関係のある神経系の発達は、5歳児ですでに成人の2/5～1/3程度の水準にあり、機能の発達段階においてはその基盤が出来上がっている。このことから、この時期はできるだけ多面的な運動あそびによって、多くの刺激を脳へ伝達することで興奮伝達の機能が発達し、その結果として脳細胞の発達がさらに促進される。

　児童期は、満6歳から12歳までの時期で、知的発達が顕著で、社会性も次第に発達し、集団生活を順調に営めるようになる。身体的な発達においては、児童期に太っている子どもは、それ以降でも余分な脂肪量を有している危険性が高く、過度の肥満症になる危険性は、児童期の皮下脂肪の測定値が大きいもののほうが高いといわれており、より注意が必要である。

　青年期は、身体の発育・発達が速く、知的発達と身体的発達とのずれや差異を生じ、学校や社会への適応面においてさまざまな問題が起こってくる。

4．形態の発育

1）身長と体重

　身長や体重の発育は、スキャモンの「発育曲線」の一般型に属するパターンを示しているが、身長と体重は全く同じ割合で発育するわけではない。ストラッツ（Stratz,C.H.）は、身長の伸びる割合が体重の増える割合を上回る時期（伸長期）と、逆に体重の増える割合が身長の伸びる割合を上回る時期（充実期）とがあり、しかも発達の過程においてこれが相互に出現することから、発達段階を次のように示している。

　第1充実期（2～5歳）
　第1伸長期（6～7歳）
　第2充実期（男性8～12歳：女性8～10歳）
　第2伸長期（男性13～16歳：女性11～
　　　　　　14歳）
　第3充実期（男性17～18歳：女性15～
　　　　　　16歳）
　成熟期（男性19～24歳：女性17～18歳）

　充実期と伸長期を実際にはっきり区別できるわけではないが、身長の発育速度曲線のピークは、体重のピークより先行している。

　身長は、身体発育の良否を判定するための指標になり、性別、人種、母親の栄養状態、両親の体格などの生育環境の影響を大きく受ける。出生時の平均身長は約50cm、1歳で1.5倍、4～5歳で約2倍、13～15歳で約3倍となる。また、乳児期の身長の発育は、素因に影響されることが少ないといわれる。乳幼児期に背が低

くても、思春期になって急に身長が伸びることもある。

　身長に対する頭部の割合は、年齢によって異なり、新生児は 1/4、2 歳で 1/5、6 歳で 1/6 となり、成熟にむかって発育していく（図2－2）。幼児が転倒しやすいのは、頭と四肢の発育のつり合いがとれていないことと、運動機能の未発達なためである。

　体重は、乳幼児の総合的な健康状態や栄養状態を推察する目安とすることができる。発育が順調で栄養状態の良いときは増加傾向を示すが、食欲不振や虐待などによる栄養摂取が不十分なときは、減少傾向を示す。体重は身長に比べ、環境などの後天的な影響を受けやすいものである。出生時の平均体重は、男児 3.2kg、女児 3.1kg で、出生後 1 年間の増加が著しく、4 ヶ月で約 2 倍、1 年で約 3 倍、3 年で約 4 倍、6 年で約 6 倍となる。乳幼児の発育は、身長と体重の両面のバランスがとれているかどうかを見守る必要がある。

　発育の状態を総合的に評価するにはいくつかの方法があるが、幼児には栄養や肥満状態を調べる「カウプ指数」が用いられる。これは、身長と体重が調和の取れた発達をしているかどうかを評価するためのものである。$Wg/Lcm^2 × 10$ で、計算式が求められる。例として、1 歳 0 ヶ月で体重が 9kg、身長が 80cm のカウプ指数を計算してみると、次のようになる。カウプ指数 $= 9000g ÷ （80cm × 80cm） × 10 = 14.0625$ となり、13 未満は「痩せ」、13 〜 15 未満は「痩せぎみ」、15 〜 18 未満は「正常」、18 〜 20 未満は「肥満ぎみ」、20 以上は「肥満」の判定となる。

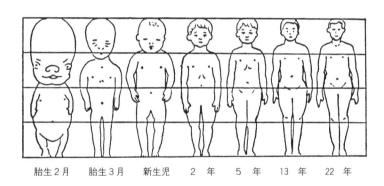

胎生 2 月　　胎生 3 月　　新生児　　2 年　　5 年　　13 年　　22 年

図2－2　胎児期と出生後のからだのプロポーションの変化

2）頭部・胸部

　出生時の頭囲は、男児 33.5cm、女児 33.1cm、胸囲は、男児 32.1cm、女児 31.8cm で、頭囲のほうが胸囲よりやや大きい。1 年後には、頭囲が男児 46.4cm、女児 45.4cm となり、胸囲が男児 45.4cm、女児 45.6cm と僅かに胸囲が上回る。乳児の頭部には、骨の間に隙間がある。これを泉門といい、大泉門と小泉門がある。小泉門は生まれて間もなく閉じるが、大泉門は生後 1 ヶ月頃に 2cm くらいであり、その後縮小し、1 歳半ごろまでに閉じるものが多い。

　胸部の発育からは、呼吸・循環器の発育や発達の概況を見ることができる。心臓や肺を保護している胸郭は、新生児の頃にはほぼ円柱形であるが、年齢が進むにつれて楕円形に近くなり、腹式呼吸から胸式呼吸が可能となる。平均の出生時の胸囲は、男児 32.8cm、女児 33.1cm である。

3）骨格・歯

　骨格の発育は、骨の大きさ、数および組織の変化を示すものであり、身体発育の中心をなしている。骨の数は、諸説あるが、出生時に 270 個、14 歳頃までに 350 個に増加する。青年期の後期から次第に減少し、40 歳頃で出生時より少なく 206 個となる。骨の有機物質と無機物質との割合は年齢によって異なり、2/3

以上が有機物質で、老年になると反対に2/3以上がカルシウム、リン、その他の無機物質となり硬くなる。

　骨の一部である歯の発育は、やはり身体発達の重要な一面をなしており、生後1年頃から乳歯が萌出し、5〜6歳になると乳歯は次第に脱落し始めて、永久歯がこれに代わって発生する。6歳頃に4本の永久歯が生じ、14歳頃までに第3臼歯を除く32本のすべての歯が完成する。なお、乳歯は永久歯の発生には重要な関連性を持つので、その衛生管理には十分注意しなければならない。

4）筋肉

　筋肉の発育は、12歳〜15歳の第2次性徴期に急激に進み、体格の発育と同じようなパターンをたどる。これは、性ホルモン作用によるが、男性ホルモンと女性ホルモンは作用機序が異なり、男性は筋肉の発育が女性より顕著である。筋肉を構成している筋繊維は、生後4ヶ月以降この数は増えないことから、筋肉が強くなるということはこの筋繊維が太くなることである。

　筋細胞は、大きく分けて2種類のタイプがある。ゆっくりと収縮し、弱いが長時間にわたって働き、主に運動の持久力に関係するタイプと、速く収縮し強い力を発揮する瞬発力に関係するタイプで、筋肉はこの2種類の細胞が混在しており、その分布には個人差も認められる。細胞の分布や比率は、1歳頃に決まるといわれている。幼児期には、身体の発育・発達を考慮して栄養はもちろん、過度に特定の部分のみに負荷を与えることなく、自然に筋肉が養われていくようにすることが望ましい。筋細胞は、運動を1ヶ月位すると変化する。しかしながら、運動をやめると元のタイプに戻る傾向があるので、持続的に筋肉に運動刺激を与えることが必要である。

┌──────────────────┐
│ 5．機能の発達 │
└──────────────────┘

1）神経系

　脳細胞は、約140億個の神経細胞とその5倍以上のグリア細胞からなっている。神経細胞は妊娠の中期に出来上がり、その後数が増えず破壊されても他の臓器のように再生されることはない。脳の重量についてみると、図2－3のようになり、新生児の脳髄は350gぐらいで、身体の諸器官の重量に比べて比率が極めて高いことを示している。脳が発達して大きく重くなることは、神経細胞の数や細胞体の容積が増えることではなく、細胞体（neuron）から出ている突起（樹状突起）を伸ばして他の能細胞と機能的に連絡する（synapse）ことによるといわれている（図2－4）この機能的連絡を脳細胞の配線化、または絡み合いという。新生児の脳の働きは、まだこの配線化ができていないバラバラの状態である。したがって脳の働きは、外界からの刺激によって、この配線化が進み、調節機能の発達や知能、記憶などの精神的機能や運動機能が発達してくる。これが、脳の発達を意味するものである。

　脳髄の発生は、1歳までに全発達量の1/3以上、3歳までに2/3以上になる。したがって脳は、3〜4歳までに急速に増加し、6歳までに成人の重さの約90％が出来上がっており、機能の発達段階においてその基盤は出来上がっていることになる。脳の発達の頂点は20歳頃で、その後僅かながら減少するといわれている。神経機能もほぼこれに準じて発達していくが、最近は脳は30歳くらいまではまだ不十分だといわれている。

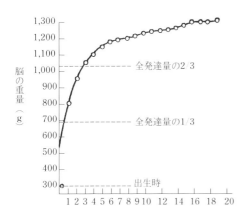

図2-3　脳の質量の発達（Bühler,k）

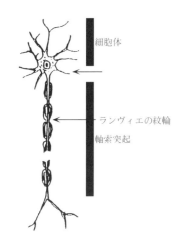

図2-4　ニューロンの模式図

2）呼吸・循環器系

　呼吸機能の発達は、呼吸数の年齢的変化で推測することが可能である。胸郭が発達するにつれて安静時の呼吸回数は、1分間に新生児で40〜50回、1歳児で30〜35回、2歳児で25〜30回、5歳児で20〜25回となり、成人では16〜18回程度に減少していく。これは年齢とともに身体の発育に伴って胸部呼吸筋が発達し、1回の呼吸量が増大するからである。新生児は、腹式呼吸が主で、1歳頃になると胸式呼吸と腹式呼吸が半々になり、2歳頃になると胸式呼吸が可能となる。

　生命維持に必要な酸素を、各組織や諸器官へ運搬するために血液を送り出すポンプの働きをしているのが、心臓である。形態の発達に伴い、心臓の形も大きくなり、重量も増加して、酸素の運搬が活発になり心拍出量が増加する。脈拍数は、2歳児で110〜120回、4歳児で95〜100回となり、成人では60〜70回というように加齢とともに減少し、機能の発達がみられる。また、幼児期は心臓の機能が未熟なため、心臓の血管の弾力性が弱く、心臓のポンプ作用によって速やかに血液を心臓に送り返すことができない。このため、体重に対して血液の量も少なく、その働きも弱いことから、それを補うため運動によって筋肉を収縮させ、血液を心臓へと送り返す役目をしている。この筋肉の働きのことを、ミルキングアクション（milking action）とよんでいる。これは重力の影響で心臓から遠い脚に留まりがちな静脈血を、筋肉のポンプ作用を利用して心臓に還流させることを、乳搾りに見立てて表現した言葉である。心臓の動きだけで脚に溜まった静脈血を心臓に戻すのは、心臓にかかる負担も大きい。心臓に負担をかけず全身の血流を健全に保つには、全身の筋肉を上手に使い、血液循環を活性化させることが大切になる。心臓から一番遠い筋肉を動かすことで、筋肉が収縮して血液を流し、生きるための力強いポンプの役割を果たしている。幼児が常に動いているように見えるのは、いつも筋肉を使って、心臓のポンプ作用を助けているからである。幼児期というのは、呼吸・循環器系ともに発達の途上にあり、強い運動負荷のかかるあそびは、まだ適さない。

6．知的能力の発達

1）精神発達とは

　幼児期は、人生の中でも心理的発達の極めて著しい時期である。一言でいえば自己中心的（幼児性）というのがその特徴である。幼児は自分の動作を、自分の意図のもとに統制し、自分の意図を他者の意図に共鳴させ、状況の中で物事の関係を理解し、仲間との共同作業に参加しながら、さらに集団のルールの中で自己を統制していく。そして、単に行動や心の枠組みが空間的時間的に広がるだけでなく、その活動に可塑

性、抽象性、社会性というような複雑さを加えられるようになり、関連性を兼ね備えたものとなる。それは我慢、自制、忍耐などの剛健さに加えて、いたわり、待つ、譲るなどといった柔軟さも備えることを意味する。興味や関心の対象も自己中心的で好きなことだけであったものが、課題や目標を持った持続的で創造的なあそびへと発展していく。多くの子どもがこのような発達の筋道をたどって、心理的機能を発達させていく。

2）知能の発達

　私たちは、周囲の環境からさまざまな情報を受け取って生活している。こうした情報を上手く処理する精神機能を、発達心理学では「認知」とよぶ。認知とは、知覚、記憶、知能、思考などの能力であり、人間の知的活動の総体である。

　近年の研究で、新生児の驚くべき能力の高さが明らかになっている。ロック（J. Locke）は、人間のこころというのは、最初は白紙のような状態（tabula rasa）であり、経験を通してそこに内容が書き込まれていくと考えた。しかし現在では、何も分からない存在であると考えるのは間違いであって、大人が考える以上に高い知覚能力を兼ね備えていると考えるのが一般的である。新生児の絵や色への選好注視時間を調べた研究（Fantz,1961 など）でも、すでに自分の周囲の環境に興味を持ちながら、主体的に活動していることが明らかになっている。

　しかしながら、私たちは周囲の刺激すべてに対して反応しているわけではない。その中で行動をするのに必要なもの、あるいは自分にとって有益なものを取捨選択しながら反応している。このように子どもの情報処理能力の発達や刺激の知覚には、感覚器や神経系の機能が発達している必要がある。触覚、温度感覚、味覚などは感覚を起こす刺激とその刺激を受け止める感覚器が近いことから「近感覚」とよばれ、比較的早い段階で発達する。これにより新生児は、食べ物が甘かったり辛かったりなどを区別している。情報処理に大きな役割を持つ視覚や聴覚

などの離れたところにあるものの知覚を「遠感覚」という。遠感覚は、生後5ヶ月以降に発達する。遠感覚が発達することで、見たものや音の区別ができるようになり、手足の協調運動ができ、運動あそびなども楽しめるようになる。さらに加齢につれて、各種の感覚機能が互いに作用し、相補的に情報処理能力を発達させていく。

3）認知・思考の発達

　知能の質的発達の過程については、ピアジェ（J.Piaget）の認知発達理論がもっとも有名である。ピアジェは乳児から大人に至るまでの認知的発達過程を、感覚運動期・前操作期・具体的操作期・形式的操作期の4つの段階にわけた。ピアジェは、乳幼児期の認知発達理論を説明しているが、最近の発達研究では、ピアジェの考えた以上に子どもの能力が有能であることが証明されている。

4）言語能力の発達
（1）言葉の発達

　言葉の発達も運動あそびを支える重要な構成要素の1つである。子どもの初語は、たいてい生後10～11ヶ月で出現するが、かなり個人差もみられる。生後9～15ヶ月の間に約90％の子どもが初語を発する。初語の典型的なものは「ママ」や「パパ」、「マンマ」といったmやpのような子音と母音が結びついた反復語である。1歳半くらいになると、いろいろな意味の表現を一語ですませる時期になる。「ブーブー」といえば、パトカーや救急車などを意味し、走っていくのを知らせたり、それに乗ったりしてみたいといった意図まで含むようになり、一語は文の働きをする。そして、一語が二語、またはそれ以上の語へとまとまり、言葉の能力を発達させていくのである。

　語彙の獲得は、一定の割合ではなく、初期にはゆっくり獲得するが、表出語彙が50語になる19ヶ月～24ヶ月には語彙の獲得が爆発的に急増する（vocabulary spurt）。初期に獲得する語彙の多くは、物の名前を表す名詞であり、

日々の生活で使われる言葉である。表出語彙が100語を越えた頃から、全表出語彙数に占める述語の割合が増大する。文法発話の目安は、1歳9ヶ月頃から出現する二語発話である。そして語彙を増やし、語を結合させ複雑な表現ができるようになると、会話や語りのような生活の中での言語使用場面が増え、幼児の運動あそびに広がりをもたらす。

　また、言葉を社会的文脈の中で適切に使う能力のことを語用能力という。語用能力が発達すると、子どもは自分の意図を相手に伝え、発話の相手と注意を共有し、話題を継続させ、相手の意図を理解し、発話の背景となる文脈を理解できるようになる。つまり、その場の空気を読むことができるのである。このように言語発達は、単に言語知識を増大させるだけでなく、言語使用の背景となる活動、他者とのコミュニケーション（communication）を基盤とした運動あそびや、日常的な出来事経験の積み重ねにより発達していく。

（2）コミュニケーションの発達
　子どもは満1歳の誕生日をむかえる頃、さかんに声を出して大人とのやりとりを楽しむようになる。最初は言葉にならなかった声も、しだいに大人の話す言葉に近づいていく。子どもが言葉をしゃべり始めるというのは、養育者や保育者にとっては本当に嬉しいことであり、たいへん喜ばしいことである。情報を伝えたり、人からの情報を受信したりといったコミュニケーションの働きが目に見える形で獲得されたことは、人間の成長の中で画期的なことといえる。それだけに、言葉の発達に何か心配なことがあると養育者はとても不安になる。しかし子どもは、無理に言葉を教えなくても自然と覚えていくものである。それは周囲の人が赤ちゃんの気持ちに寄り添い、状況に応じて言葉をかけるからである。

　また言語は、思考に使う道具としての役割も担っている。つまり、口を動かし、声に出して、あるいは心の中でことばを使って考えるという働きである。もう1つは、「マンマ」「ダッコ」などのように、簡単な言葉であってもそれを言うことで行動を促進させるような人を動かすという働きである。さらに、感情を表現するという働きもある。話し言葉は、声の調子や大小をともなうことから、話し手の気持ちも声色にのせて表現できる。幼児は「やったらダメよ。」と言われて、どのくらいお母さんが怒っているのか、だいたい察しているのである。これは社会的参照（social referencing）加えて、ことばのキャッチボールによる会話というのは、心と心のつながりを創り出し、周囲の人との人間関係を保つという働きもある。このようにコミュニケーションを発達させ、運動あそびの中で言語を獲得していくのである。

5）知育と運動あそび
　昔から子どもの心理的機能は、「知・情・意」の3側面に分けられて考えられてきた。そのうち前項で触れたように、知的機能とは、認知的機能、記憶、思考、学習などの働きのことであり、その個人差を扱うときには「知能」という用語が使われる。この知能の発達が、子どもの行動発達と密接な関連をもっている。

　ここでもう一度、知能の発達とあそびの関係を整理しておきたい。幼児期の全身的な身体運動あそびは、直接的には身体の成長を促し、身体機能を発達させ、運動技能を高める。それと同時に運動あそびは、精神的発達をも強く促すものである。運動あそびをするということは、幼児の心はもちろんのこと、幼児にとっては生活のあらゆる部分に広がりをもたらす。幼児は、生得的かつ本能的に体を動かすことが好きであり、体を動かすという欲求を元来備えているものである。日頃から保育者は、精神の発達を促すことを念頭に、子どもの知能の発達段階をふまえた運動あそびを展開する必要があろう。

7. 情動と社会性の発達

1）情動の発達
　近年、乳幼児期に対する心理学的研究の発展に伴い、情動発達が注目されつつある。言葉をもたない乳児も、表情やまなざし、声の調子、

身体の動きで情動（emotion）を表出し、周囲の人とコミュニケーションを行っているからである。カムラス（Camras,L.A）らの乳児研究では、情動の意味づけや情動状態に、養育者がとる行動の文化的背景が影響するといわれている。

　さて情動研究は、進化論で有名なダーウィン（C.R. Darwin）まで遡ることができる。ダーウィンによると、情動表出というものは、単に情動伝達のためにあるのではなく、その情動を表出させる原因となった環境に対する何らかの行動と関連づけて捉える。例えば、嫌悪の表情はいやなものを吐き出すときの、怒りの表情は捕食獣が獲物にとびかかるときの顔の筋肉の動きと関連すると考えた。ルイス（M. Lewis）は、誕生時に備えている充足、興味、苦痛は3ヶ月頃までに喜び、驚き、悲しみへと分化し、6ヶ月頃に怒りや恐れが現れ、原初的な情動が出そろうという情動発達モデルを唱えた。乳児の多様な情動や欲求は、このように生まれた直後から周囲の人々との情動的コミュニケーションによって活性化され発達していく。親と乳児の相互の情動コミュニケーション（情動調律）を通し、乳児は他者の存在に気づき、他者とともにある自分に気づき、情動を共有する間主観的な体験をする。この情動や欲求は、独自に発達するのではなく、養育者とのコミュニケーションや、生理あるいは行動面と関連した複雑な仕組みを持つものである。心理的な情動も、神経系の成熟と経験の相互作用により発達していく。

2）自我の発達

　子どもの運動あそびを構成するために、保育者は子どもの自我発達や発達課題を正しく捉えることが必要である。子どもの自分に関する感情、いわゆる自我感情は幼い頃より存在する。普段の生活の中で、愛情を感じたり、怒ったり、悲しんだり、共感したり、さまざまな思いや感情があるが、このような情動や情緒というものは、快‐不快、安心‐不安の感情が基礎になる。例えば、オムツが濡れて気持ちが悪いというのが不快の感情である。そして発達とともに、自己と他者のかかわりあいの中で、自我を発達さ

せながら生活している。

　乳児は積極的に環境に関わりを持ち、環境との応答性を楽しみ、自分の意味づけを行う。まず1歳頃の自己主張では、自分の意思や願望を貫くために、意固地になって自分の意思を通そうとする強情な態度がみられる。自分でご飯を食べたいが、上手く食べられずに、親が食べさせようとすると、へそを曲げたりすることがある。意固地や強情とも捉えられるこの感情には、自分の行動に対する評価が含まれている。周りの大人のことばや行動が、自分を傷つけるものと考えて、誇りや自尊感情（self esteem）が芽生えていく。また、からかわれたり、馬鹿にされたりすると、屈辱感を感じて泣いて怒る。逆に、ほめられたりすると、名誉心や自己誇示という行動に結びつく。これが、その後の意欲や動機づけの基盤となる。

　その自我発達の過程では、それぞれの段階で乗り越えなければならない課題がある。エリクソン（E.H. Erikson）は自我発達を、達成されるべき課題とできなかったときに陥る危機の両面から、人生を8つの発達段階にわけた。その中でエリクソンは、人生最初の時期である乳児期に課せられた課題と危機として、「信頼」と「不信」をあげている。この時期は、養育者（母親）との関係の中で、子どもが発するサインを母親が受け取って適切に応答することや、子どもの問いかけに対して母親の態度が安定し、一貫性があることで、母親に対する信頼感が養われていく。この信頼感は、母親だけでなく、自分を取り巻く人々や社会へと広がっていくものである。このように乳児期においては信頼感の獲得が大切な発達課題になるが、そんなに簡単に獲得できるものでもない。大切なのは、エリクソンのいうように、基本的信頼が基本的不信に勝る割合で発達することである。

3）社会性の発達

　子どもの社会生活は、生まれたときから始まっている。新生児は世話をしてもらわないと生活を続けることができない存在である。これは、人生の初期からさまざまな数多くの人たち

と接触し、社会性を学習していることの証拠である。一方で幼児は、心身の諸機能が未分化である。育てる環境の中で、社会人としての行動を刺激するよう働きかけたり、自立を促す刺激を与えたり、子どもの成長や発達段階に適した言語刺激を与えたりしなければならない。ハーロック（Harlock）は、運動発達が子どもの自己概念にとって重要であることを指摘し、運動技能が獲得されると、子どもは身体的な安定感を持ち、それが心理的な安定感につながると考えた。また逆に、子どもの自己概念が運動発達に影響を及ぼす場合が多いことも指摘している。そもそも幼児は、自己と他者の線引きが未分化で自己中心的である。さまざまな社会的経験を通して、幼児性から脱却していくが、現代の子どもは、幼児期の社会的経験が非常に乏しく、稚拙で、加えて過保護や過干渉という養育態度までが加わり、児童期、青年期に入っても自己中心的な幼児的精神を克服できずに成長して、社会的な問題を引き起こすとされている。

　まず、社会に適応した生活を送るためには、日常での基本的生活習慣を身に付けていかなければならない。つまり、身の回りの清潔、衣服の着脱、食事、排泄、睡眠などに関することである。幼児期に基本的生活習慣を確立していれ

ば、集団やグループへ自信をもって参加でき、その中で安定した居場所をもって過ごすことが可能となる。この基本的生活習慣がないまま、集団の中に飛びこんだとしたら、不安感や劣等感ばかりが募り、いつも問題行動を引き起こしてしまうことになりかねない。基本的な生活基盤はあくまで家庭であり、社会性の発達には養育者の役割が極めて重要になる。たとえば、雑巾の絞り方やお箸の持ち方などの生活能力、幼児語を使わない、自分の名前や友達の名前をはっきりといえるなどの言語能力、近所の友だちと一緒に走ったり、跳んだりできる運動能力などは、社会性の発達が基盤となっている。

　最後に、平成 29 年の新しい幼稚園教育要領および保育所保育指針には、「食育」を通じた望ましい食習慣の形成が盛り込まれている。したがって、身辺の自立にかかわるような躾（しつけ）の問題をはじめ、人間関係の最初の学習の場としての家庭の意義は極めて大きい。子どもは、家庭生活の中で養育者の行動から多くのことをモデリング（modeling）しながら社会性を発達させる。保育者には、子どもの社会性についても発達させることを意識した適切な援助や配慮が求められている。

【参考文献】
三村寛一・安部惠子『改訂版　保育と健康』嵯峨野書院、2013 年、pp.9 − 8
前橋明『コンパス保育内容健康』建帛社、2018 年、pp.41 − 58
石上浩美・矢野正『教育心理学』嵯峨野書院、2016 年、pp.2 − 28
林邦雄・谷田貝公昭『子どもの食と栄養』一藝社、2013 年、pp.77 − 90、pp117 − 130

第3章 幼児の体力・運動能力の実態と技能の発達

1. 子どもにとっての体力・運動能力・技能とは

子どもと関わり、援助・支援するには、子どもを全面的、多角的に理解することが大切である。その一つの方法として、体力面がある。一般的に、体力、運動能力、技能とは、似通ったようにとらえられがちであるが、それぞれに概念が異なる。

たとえば、自分は「体力がある方だ」、あるいは「体力がない方だ」なにかを基準に＜自分＞がそう感じていることだろう。おそらく体力テストをする機会があり、その結果が平均を上回ると「体力がある方だ」と実感することができ、また、平均を下回ると「体力がない」と実感するのだろう。

また、体力テストをしなくても、たとえば「階段を上ると息切れがする」や「軽い運動をした翌日に筋肉痛がひどい」など、数値ではなく、自覚できる症状として、とくに「体力がない」については実感できることは多い。

このように、普段からよく使う体力という言葉であるが、体力とは、宮下によれば「筋活動によって外部に仕事をする能力とし、時間あたりの発揮できるエネルギーで評価できる」と定義している[1]。

これはいわゆる活動においての土台となる「力」の部分を示していると考えられる。

一方、杉原は運動能力について「運動技能と運動体力という性質の大きく異なる二種類の能力によって構成されていると考えられる」としている[2]。すなわち、土台として持っている体力を運動動作に直結させられる能力といえよう。一般的に、運動能力については、「運動神経がいい」あるいは「運動神経がない」という表現で言い表せられることが多い。そもそも運動神経とは何を意味するのだろうか。勝田によれば、「中枢（脳）からの指令を抹消（体の各部位）に伝える神経」としており[3]、元来ヒトには備わっている神経回路である。したがって「ある、ない」で論ずるのではなく、運動神経については「反応速度が速い、遅いか」と言い表すのが適切だと考えられよう。

保育の現場でよくみかけられるシーンにたとえてみよう。園庭にある雲梯（うんてい）を年長児が端から向こうの端まで渡りたいと挑戦している。ところが、2~3本渡ったところで、次の棒がつかめずに落下している。それをみている保育者は「この子は握力がない」と判断することが多いだろう。

鉄棒や雲梯を利用した運動あそびの指導を行う場面において、常に着目したいのは握り方である。つまり、親指を棒の下に位置させたしっかりとした握り方をしているかどうかである。ここで、ある園で自由あそびの時間に、自力で雲梯を渡りきることに挑戦していた5歳児の事例では、何度も挑戦していたが、2本目に手をかけたとたんに落下してしまうことが続いていた。ふと握り方を見ると、指がすべて揃って棒の上にある握り方をしていた。これでは力が入らず、落下してしまう。そこで「こう握ったら力が入るようになって、向こうまで行けるかもしれないよ」と握り方の見本をした。もともと自力で渡りきろうとしているので、真剣な表情でアドバイスのとおりに握り、挑戦してみた。2度、半分を過ぎた地点で落下したが、3度目の挑戦で見事に渡りきった。大人の補助なく自分の力だけで渡りきった瞬間は、達成感にあふれる表情を浮かべていた。

さて、皆さんはこの事例をどう理解するだろうか。握力があるかないかの視点だと、わずか数分で握力が向上したことになるが、トレーニングの原則に照らし合わせると、説明がつかないこととなる。運動技能の視点でみると、どうだろうか。この園児は握り方が変わっただけである。まさに初歩的な運動技能を習得した瞬間である。その後、園児は、毎日のように雲梯あそびをしており、友だちにも「親指を下にして

握ったらいいよ」とアドバイスをしていたとのことである。

　これまで述べてきたように、体力、運動能力、技能について、体育学を専攻する皆さんには、理解しやすい概念であるとは思うが、幼児教育を専攻する皆さんにはやや理解しがたい概念であろう。したがって、子ども視点に立ち、体力・運動能力・技能をひとまとめとして『自分の思うとおりにからだを動かせる能力』と解釈するのが妥当ではないかと考える。とりわけ、幼児は心と体を分化しては行動しないために、やはり全面的な理解が必要である。

2．体力・運動能力の実態と技能の発達

　スポーツ庁によれば、子どもの体力については、2018年度実施の体力・運動能力テストの結果、全体としては、低下傾向に歯止めがかかったとされている。しかし、依然としてボール投げに関しては、低い水準にあると報告されている[4]。一方、2017年に改訂された小学校学習指導要領体育編では、特にボール投げに関わる「投動作」についての指導が新設されている。これは、幼児期にボール投げを十分に経験してこなかったことに一因があるとされ、新設に至ったと考えられる。

　では幼児にとって「投げる」とはどのような効果があるのだろうか。「投げる」という動作は、上半身と下半身がバランスよく働く動作の代表格であるといえる。全身を使って自分の手を離れたボールがきれいな放物線を描き遠くに飛んでいく様子やボールがねらった場所に当たる瞬間に心からの強い達成感を味わえる。子どもにとって、自分の能力を試すまたとない代表的な動作である。ボールを遠くに投げるには、体幹のひねりが必要となる。たとえば右利きなら右手を後ろに引きながらしっかり胸を張り、前方へ回旋させると同時に左足を一歩前に大きく踏み出す。あとはリリースポイントのタイミングさえ合えば，遠くに投げることができる。公園での子どもたちの様子をみていると気になる点が2つあった。

　1つ目は「踏み出す足」である。前述したように投げる手と反対の足を踏み出す（この動作は通常5，6歳でできる）のであるが、投げる手と同じ足を踏み出している子どもが多く見受けられた。これでは、からだが回旋しないので当然距離は期待できない。2つ目は「肘の位置」である。ひねりを加えた力にさらに力強さを伝え、遠くに投げるには、常に肩の位置よりも肘があがることが必要である。ところが、肘が下がったまま投げている子どもが多いのである。これではやはり距離は期待できない。

　このような子どもたちの投げ方を観察してぎこちなさを感じ、この2点から「筋力低下もあるかもしれないが、子どもは投げるコツを知らないのかも」という思いを抱いた。そして「このぎこちなさの原因はなんだろう」と考え、あることに気付いた。「投げる動作」に関係することで、親世代にあって、今の子どもにないものがある。それは、投げる動作が入ったあそびが極端に減っていることである。

以前の子どもたちのあそびには、神社やお寺の境内など建物の高い屋根に向かって、ボールを「投げ」、友達の名前を呼んで、呼ばれた子は落ちてきたボールを受取り、また違う友達の名前を呼びながら「投げる」というあそびをしたり、あるいは、小石を拾って木の枝や葉っぱめがけて「投げ」たりしていた。こうして、あそびを通じて自然と「投げる」動作を身に着け、また遠くへ投げる工夫をしていた。ところが、最近では安全が最優先されるのか「ボールあそび禁止」や「キャッチボール禁止」という看板がある公園が目立ち、子どもたちがのびのびとボールあそびをする環境がなくなりつつある。

　文部科学省は、2002年に子どもの体力低下の原因を表3-1のようにまとめている。

　本来であれば、子ども主体でかつ自然発生的に行われるからだを活発に使ったあそび、すなわち外あそびにおいて、投げることだけでなく、走る、跳ぶ、転がる、飛び降りるなどの基本的な運動技能を自然と身に付けていた。また木登りなどで、自分のからだを支えることやぶら下がることで基礎的な体力をも養っていた。とこ

表3-1　体力低下，二極化の原因

体力低下，二極化の原因

（中央教育審議会答申，2002）

1.国民の意識の変化

①知識量の重視による，外遊びの軽視

②体力低下の及ぼす影響への知識の不十分さ

2.子どもを取り巻く環境の問題

①生活が便利になるなど，子どもの生活全体が日常的に「不動」にさせる方向になった

②スポーツや外遊びに不可欠な要素である「時間」「空間」「仲間」が減少した

③発達段階に応じた指導ができる指導者が少ない

④学校の教員については，教員の経験不足や専任教員が少ないことにより，楽しく運動できる工夫が不十分

⑤偏った食事や睡眠不足など子ども自身の生活習慣の乱れ

ろが、公園での禁止事項の多さに代表されるように、大人の干渉なく思う存分にからだを動かせる機会が激減している。つまり、子どものためによかれと考えて行ってきたことが、かえって子どもの発育発達の妨げとなってしまったのである。このような状況を今すぐに改善することは困難である。特に着目したいのは表中の2－①である。「時間」「空間」「仲間」が減少したのであれば、それを補完すればいいのではないだろうかと。

「時間」「空間」「仲間」を補完することができ、さらに専門職が常駐しているのは、ほかでもない、保育園（所）、幼稚園である。つまり、子どもの健全な発育発達を支えるために未だかつてないほど、設定保育としての運動あそびが重要視されてきているのである。

3．幼児期の体力・運動能力・技能の育成

保育者や保育者を目指すみなさんの誰しもが「子どもの健やかな成長」や「子どもの明るい将来」を願っていることだろう。保育領域の健康でも述べられているように、からだを動かせることと、健康は密接なつながりがあるされている。

ところで、現代では健康づくりには、栄養、

休養、運動の3原則が欠かせない[5]。どの原則も非常に大事で、過不足なくバランスの取れた生活習慣を継続することが健康につながることを示唆している。しかしながら、現代においては、過剰なまでのグルメブームやスイーツブームに代表される偏った食生活や運動不足になりがちな日常的な環境がある。特に利便化、高速化、効率化が進み、車の普及、バリアフリー目的での駅でのエスカレータ、エレベータ設置に代表されるように移動手段が機械化されてきた。このことは、からだの不自由な方や高齢の方には極めて有効であると考えるが、同時に子どもから身体活動の機会を奪ってしまったことにもなる。言い換えれば不動の状態で何不自由なく日常生活が継続的に送れるのである。

このように健康を維持するための生活習慣のバランスが崩れてきている。その結果、生活習慣に起因するメタボリックシンドローム（内臓脂肪症候群）、からだを動かさない生活、あるいはからだを動かす経験がない生活によるロコモティブシンドローム（運動器症候群）という、これまでにはなかった日本の将来を脅かす症状が加わった。

つまり、日本人が健康づくりのために、強く意識しなければならないことは「からだを積極的に動かせる生活習慣」なのである。保育現場

においては、「何もない場所でつまづく」や「転んでも、手が出ず顔面を強打する」など、かつてから「ぎこちない動きをする子ども」の存在が問題視されてきた。このような背景を受け、2016 年度から学校保健法改正により、身体測定の項目が変更された。具体的には、座高測定、蟯虫（ぎょうちゅう）検査がなくなり、あらたに、バランス測定、柔軟測定などの項目が追加された。これらの測定項目は決して体力的な要素をみるのではなく「動作がぎこちない子ども」のスクリーニングである。動作がぎこちないとは、なかなかイメージができないかと思うが、日常生活を送るうえで、支障をきたすほど重大な状態である。

　スクリーニングによって早期発見することは、大事だと考えるが、見つけてからの対策、そもそもの予防策についてはどうすればいいのだろう。整形外科医などの専門家から推奨されているのは「からだを使ったあそびの実践」である。理由は単一的な動作でなく、からだのあらゆる部位を均等に使っている。したがって、過剰な負荷をかけることなく必要な動作を学習し、獲得するのに有効とされているからである。

　このように重要な役割を担う運動あそびであるが、設定保育で行う場合、どのようすれば子どもとうまく関われるのか、保育者にとって思い悩むことが多いことであろう。なかなか言うことを聞いてくれない、指示したとおりに動かない、そもそもやる気がないし、ダラダラしていることも多い、そして時間だけが過ぎていく。他方で、よく言われるのは「プレーヤーズファースト」、つまり子ども主導型の保育である。この言葉の意味は、保育者は一歩下がったところで、子どもを見守り、指示することがあったとしても必要最小限という、保育者の立ち位置を示している。しかし、わかってはいるものの実際にそんなことしたら、統制がとれなくなり、周囲から保育者としての力量を問われることになりはしないかと考えてしまいがちである。このように理想と現実の狭間に陥ることがある。指導実践の中でよかれと思って、命令形の言葉遣いやなかば統制を強いる指導法は、もし

かして間違っているのではないかと感じ始めた。きっかけは、かつて指導者として携わった小学生低学年児童対象のジュニアトレーニング教室からである。この教室は 30 人ほどの参加があった。ところが残念ながら、すべての子どもが教室を楽しみにしているわけではなかった。毎回 3 〜 4 人が体育館の入り口で「行きたくない」と言い、保護者が「せっかく来たのだから」「終わったらカード買ってあげるから」と、どうにかして子どもを参加させようとする光景が目に入ってきたからである。

　当時、行っていたのは、いわゆる典型的なトレーニング教室で「1、2、3、4」と号令をかけながら準備体操をし、少し時間をかけて行う内容を説明し、ハードルを並べて列に並んだ順番に実施するというものであった。頭の中は、自分が説明し教えたことを正しく実行できているかどうかでいっぱいであった。当然、視線は子どもの顔に向かず、足の運びばかりを見ていた。さらに教えたことと違うことをすれば「違う！」と動きを止めて、やり直しを指示していた。

　ところがあるとき、10 分だけ時間が余ってしまうことがあった。苦し紛れに「残り 10 分は自由！好きなことをやってもいいよ」と言うと、参加するのを嫌がっていた 3 〜 4 名の子どもが、打って変わって生き生きとし始めた。しかも、教えている間は文句も言わずにやっていたハードルを跳ぶ子は誰もいなかった。もし子どもたちが楽しんでハードルを跳んでいたなら、自由時間になってもハードルを跳ぶはずである。しかしながら誰も見向きもせず、走り回ったり、跳び箱によじ登って跳んだりしていた。この光景から自身の指導を振り返るきっかけとなり、そして「伸び伸びできる雰囲気を作ればいいのかも」というなんとなくの気づきになった。

　この経験から、徐々にではあるが、前述した「プレーヤーズファースト」を強く意識した。つまり、指導者としての言葉遣いを含む関わり方を見直したのである。現在実践していることを表 3-2 に示す[6)] [7)]。

　一見すると「甘い、緩い、運動指導者がそん

表 3-2　7 つの指導法

	具体的な関わり	根　拠
①	命令形・否定形の言葉遣いはしない	個々の自己肯定感を尊重し、承認欲求を満たすため
②	ピグマリオン効果を使う	信じきることにより成功に導くため
③	オノマトペを用いる	直感的に理解できるようにするため
④	全体指示はヒントを伝える	動作説明のみにとどめ, 創意工夫を促すため
⑤	(全体指示後の)個人指示は具体的に伝える	つまづきに対し明確な課題設定をするため
⑥	ほかの子どもとくらべない	劣等感を抱かせないため
⑦	過度な賞讃はしない	賞讃欲求より、承認欲求を満たすことを優先するため

なことでどうする」など、思われることだろう。しかしながら、人を育てるという教育学的な視点で見ればどれも必要なことばかりである。表の項目以外にも、心がけていることがある。たとえば、動き方やフォームが違っていると、指導者が「こうだぞ」と肩や肘を持って教えることがある。手取り足取り熱心に教えるあまりの行動ではあるが、もし皆さんがたとえ知っている人でもいきなりからだを触られたら嫌ではないだろうか。子どもも同様である。指導上、からだに触る必要がある時は「触ってもいい？」と聞くことが大切であろう。そもそも自分がその子の立場になり代わることができれば、子どもの気持ちはすぐに理解できる。指導者と子どもの上下関係は変わることはない。だからこそ、指導者の側が子どもの気持ちに寄り添わなければならない。

また、これまで、指導の現場において、一般的に行われている方法として、指導者は決められた場所から口頭で指示をして、それを子どもが実行するというスタイルがある。もちろん、それだけで自分のすべきことがわかる子どももいる。一方で、なかなか要領を得ることができない子どももいる。そんな時、おそらくするのは、その子どものところへ行き、指導者自身が見本を見せることではないだろうか。そうすれば、口頭だけでなく見本を見たので、納得した表情を見せることだろう。

子どもに自らお手本を見せる指導者の姿は、まるで大きな子どものようで自然に溶け込んでいるのではないだろうか。実は、指導者として無意識に行っていた行動に指導のヒントが隠れていることもある。元気っずクラブ（執筆者運営）では、指導者はみんな大きな子どもになり、かけっこもドッジボールも鬼ごっこも全力対決をする。「子ども相手に大人が本気で」と感じられるかもしれない。

しかし、子どもたちの要求は「本気出して！」なのである。つまり、子どもは自分が全力を出せる相手を求めている。同じ年代の友だちだと相手によっては自分が手加減しないといけないことになる。このような環境が続けば「思いきり体を動かしたいけども、遊べる場所や機会もないなあ」と不満が溜まっていくのではないだろうか。

現場で子どもと接する保育者の皆さんの強みは『あそびの提供者』である。運動だからといって、敷居を高くするのではなく、保育者自らが子どもたちの輪に入り、まずはいっしょにからだを動かせる姿をみせることから始めれば決してむずかしいことではない。むしろ、子どもの姿を観察する手立てとしては最善の方法である。

4．体力・運動能力測定の意義と方法

今、子どもたちが直面している健康および発育発達に関する問題では、前述したように、生活習慣の乱れに起因する過体重のメタボリックシンドローム、活動的なあそびの未経験による移動機能に支障をきたすロコモティブシンドロームがあげられる。

一方、このたび「要領」「指針」「教育・保育要領」の改訂により、「幼児期の終わりまでに育ってほしい10の姿（以下10の姿と示す）」として保育者としての観点が明示された。これは、幼児期において育みたい資質・能力をより具体化したものであり、どの姿も保育者なら「そうそう」とうなづくに違いない。

その第1番目の姿にあげられているのが「健康な心と体」である。安心安全が保障された環境の中で、充分にからだを動かすことは発育や生理機能の発達を促すだけでなく、生活リズムの形成にも密接に関連している。保育に携わる皆さんはこの関連性を強く認識してもらいたい。

さて、それでは幼児期に体力・運動能力を測定する意義はどこにあるのであろうか。安部は「単に優劣を評価するのではなく、体の機能の発達が健全であるかを把握する指標と考えるべきである」と述べている[8]。

したがって、単に数値的な優劣で評価するのではなく、個人が年齢に応じた発育発達過程を踏んでいるかという「10の姿」の評価の観点にも通じる点がある。数値的に低い種目があれば、記録を伸ばそうと、直接的にその種目を機械的な反復練習として行わせるのはよくない。その種目の特性を含み、かつ主体である子どもにとって、楽しく自ら取り組めるように意図したあそびを考案することこそが保育のプロとしての腕の見せどころである。

種目については、幼児期運動指針[9]で示されている項目に沿って実施すると、各年齢における平均値と比較できる。

◎実施方法

■25m走（秒）

30mの直走路を走ります。スタートから、25m地点を通過するまでの時間を、1/10秒単位で測ります。

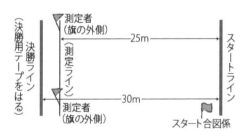

■立ち幅跳び（cm）

両足同時踏み切りでできるだけ遠くへ跳びます。踏み切り線と着地点との最短距離をcm単位で測ります。

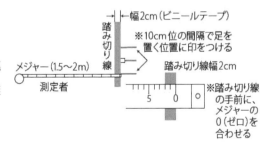

■ボール投げ（m）

ソフトボールかテニスボールのいずれか
を、助走なしで、利き手の上手投げで遠く
へ投げます。制限ラインとボール落下地点
との最短距離を 0.5m 単位で測ります。

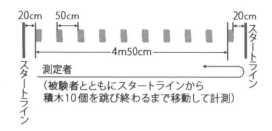

■両足連続跳び越し（秒）

50cm 毎に並べた 10 個の積木を、両足を
揃えて 1 つ 1 つ正確かつ迅速に跳び越し
ます。スタートから積木 10 個を跳び終わ
るまでの時間を 1/10 秒単位で測ります。

■体支持持続時間（秒）

体の両脇に「肘の高さ・肩幅の位置」に台
を据えます。台に手を置き、合図とともに
腕を伸ばして足を床から離します。両腕で
体重を支えられなくなるまで計測します。

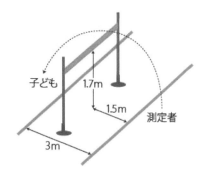

■捕球（回）

直径 12 〜 15cm ほどのゴムボールを、3
m 離れた位置から測定者が下手投げで投
げます。1.7m の高さに設置した紐の上を
通ったボールを、幼児がキャッチします。
10 球のうち何回キャッチできたか記録し
ます。

■**往復走（秒）** ※25m走が行えない場合の代替え種目。

15mの往復路を作ります。スタートラインから5m先に測定ラインを引き、往復地点にコーンを置きます。コーンを回って、スタートラインまで疾走し、スタートから復路の測定ライン通過までの時間を1/10秒単位で測ります。

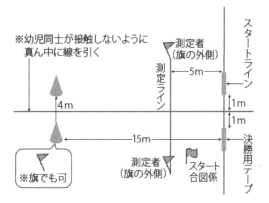

※なお各年齢における得点表及び総合評価については、文部科学省「体力向上の基礎を培うための幼児期における実践活動の在り方に関する研究」を参照されたい。

http://www.mext.go.jp/component/a_menu/sports/detail/__icsFiles/afieldfile/2011/04/07/1304379_1.pdf

5．幼児の身体活動量

　まず、子どもにとって、身体活動とは何かを考えてみよう。

　幼児期の子どもはじっとしない、それもそうである。クルト・マイネル（Kurt. Meinel）は、「就学前の子どもは、強い運動衝動を特徴としている」といっている[10]。幼児期の子どもの行動をよくみると、なるほど公園や広場など場所を選ばず意味もなく走り回っている姿が多く見受けられる。発育発達の視点でみると、子どもの身体的成長には順序があり、1歳ごろよちよち歩きを始め、3歳ごろに歩行が安定するといわれている。歩行が安定したあとは、自然と走ることへ興味を示す。思い浮かべてみよう、保護者が幼稚園や保育園へお迎えに行ったとき、子どもたちはお母さん、お父さんの顔を見つけると笑顔で一目散に「走って」いかないだろうか？あるいは、何か興味がありそうなものを見つけると、その場所まで「走って」いかないだろう

か？何人か友だちと集まると、理由もなくみんな「走り回って」いないだろうか？

　また運動能力的視点でみてみると「走ること」は幼児期に身に着けておきたい重要な基本動作のひとつでもあり、将来どんなスポーツ種目を選ぼうとも、すべてのスポーツ活動の基礎となる重要な動作である。このように子どもの様子をみてみると、幼児期において、動きたいという運動衝動を最も満たすのは、走ることでもあるといえる。

　ある事例では、電車を降り、母親と手をつないで歩いていた3歳ごろの幼児が、手をはなして、走って階段のほうに行こうとすると、母親はすかさず手をつなぎなおして、真横にあるエスカレータに乗り込んだ。このシーンは子どもがまさに意欲的に取り組もうとした機会を最も身近な大人である親が奪ってしまった瞬間である。今後もこのようなことが親子間で日常的に行われるとするならば、この子は次第にエスカレータ使用が習慣化してしまうであろうこと

は想像するに難くない。

　また、あるファストフード店でのこと。幼稚園帰りであろう親子連れがいた。制服姿の女児が足をバタバタさせながら「ねえお母さん，帰ったらお外で遊んでもいい？」と笑顔で母親に聞いた。すると母親がひと言「今日は寒いからダメです！」と、もっとも子どもらしい提案を真っ向から否定した。今後もこのように，外で遊びたいという欲求を否定され続けると、「どうせ言っても否定されるから」と自分の意見やしたいことを言わない子どもになってしまうのではと危惧さえ抱いた。

　子どもにとっての身体活動とは、興味関心を持った場所や物へ近づくためである。言い換えれば、行動の源になるのは、いうまでもなく＜内発的動機＞である。

　すでに学んでいるように、子どもの発育発達には環境が大きく関わることは間違いないこと

である。環境とは、ともすれば、遊具の数、種類、保育室の広さなどハード面、あるいは季節ととらえられがちであるが，子どもにとっての環境とは大人も当てはまり、同時に最高の環境といっても過言ではない。動きたいという子どもの欲求を最高の環境ともいえる大人が認めることが、実は「言われなくても身体を動かせる子ども」になるのである。

　1回60分開催の元気っずクラブにおいて、7名の5歳児を選び、プログラムごとの身体活動量（歩数）計測をした。3回にわたりA「鬼ごっこ」、B「鬼ごっこ＋ドッジボール」、C「綱引き＋リレー」という身体活動量に差が出そうなプログラムである。

　結果は表3-3のとおりである。どれも子どもたちには人気のあるプログラムであるが、身体活動量に着目して見れば、60分の活動時間の中でAが平均5,845（± 254）歩となった。

表 3-3　歩数

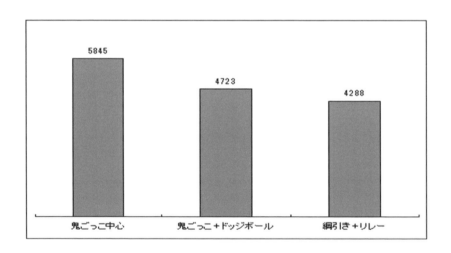

表 3-4　保護者の感想

・こんなに走ることが好きだとは思いませんでした．
・夕食のとき，鬼ごっこしたときの様子をびっくりするくらいよく話します．
・「暑い〜」とよく言います．
・いつもより夕食をよく食べます．
・いつもより早く寝付きます．
・いつもより「楽しかった〜」を連発します．

　また、帰宅直後の様子を保護者から聞き取った結果である（表3-4）。あくまでひとつの事例からであるが、子どもにとって身体活動量が増える（歩数が多い）ほど、好ましい生活習慣に関わる言動がみられることがうかがえる[11]。ぜひ、設定保育で運動遊びを行う際のプログラムづくりの参考としてほしい。

　現在の研究では、幼児期について、成人のように健康を維持増進するため、あるいは体力向上のための数値的な目安は明確にされているわけではない。しかしながら、スポーツ庁の幼児期運動指針、日本スポーツ協会のアクティブチャイルドプログラムによれば、量的には「一日合計60分を目安とする」。また質的には「体を動かすあそびを中心とした身体活動」と方向付けされている。言うまでもないことであるが、保育者側が一方的に指示し、管理された中での活動ではないということを確認したい。つまり、子どもが主体となるあそびに徹するのである。

　さて、この度かつて経験したことのない新型コロナウイルス感染症という、人との関りをできるだけ避けなければならないという、言わば保育の原点とは相反する環境が長く続いたことにより、日本における保育の在り方が、これまでにないほど重要性を浴びていることを強く実感している。特に、ステイホーム等行動が制限されたことによる体力低下、他者とのコミュニケーション力低下や運動不足による心身への影響であろう。これらは今後、保育現場においては十分に留意して指導にあたらねばならないだろう。

　これまでにも、保育については、たとえば「三つ子の魂百まで」と言われてきたように、乳幼児期の重要性がうたわれている。言うまでもなく、この言葉は人格形成の土台を育む重要な時期であることを述べている。今こそ、保育の専門職としての腕の見せ所が到来したと捉え、目の前の子どもの健全な発育発達に貢献していきたいものである。

【参考・引用文献】
1）宮下充正「体力を問う6：体力を簡潔に定義する」体育の科学、45（11）、889頁〜892頁
2）杉原隆『運動指導の心理学』大修館書店、2008年、12頁
3）勝田茂編著『運動生理学20講』朝倉書店、1993年、61頁
4）スポーツ庁『2018年度全国体力・運動能力等調査結果』http://www.mext.go.jp/prev_sports/comp/b_menu/other/__icsFiles/afieldfile/2018/12/20/1411921_00_gaiyo.pdf（参照日2019年8月20日）
5）日本レクリエーション協会『子供の体力ホームページ』https://www.recreation.or.jp/kodomo/hint/principle.html（参照日2019年8月20日）
6）村田トオル「第3部実技編 かかわりの妙〜主役は子どもに徹する」日本体育協会監修、竹中晃二編集『子どものプレイフルネスを育てる』サンライフ企画、2017年、98頁〜99頁
7）村田トオル「第16章 運動遊びの実践からやる気を考える」佐藤善人監修、『子どものやる気になる！！スポーツ指導』学文社、2018年、165頁
8）安部惠子「第3章 幼児の体力・運動能力の実態と技能の発達」髙木信良編著『最新版 幼児期の運動あそび－理論と実践－』不昧堂出版、2009年、59頁
9）文部科学省『幼児期運動指針』2012年
10）クルト・マイネル『マイネル・スポーツ運動学』大修館書店、1981年、300頁
11）村田トオル『子どもの運動指導』コーチングクリニック23（3）、ベースボールマガジン社、2009年、67頁〜69頁

第4章　幼児体育の指導目標と指導法

1．幼児体育の目標とねらい

　今日、我が国の高度経済成長に伴う近代化により、生活環境が大きく変化し、子どものあそびそのものに多大な影響を与えている。元来子どもはあそびを通して心身両面にわたっての健全な発育・発達が遂げられるものであるが、子ども達の生活を取り巻く環境からの影響を大きく受け、子ども達の様子は一変してきているのである。

　生活の基盤である家庭環境については、核家族化や両親の共働き、また、子どもの少人数化などによって家庭内や近隣地域における対人関係が希薄なものとなり、子どもの成長に欠かすことのできない人間関係における学習の場が減少してきている。また、家庭周辺の環境については、交通戦争とも言われる自動車の氾濫、それに伴う道路の整備が進み、住宅が都市周辺に広がるドーナツ化現象や住宅の高層化などによって自然環境が破壊され、子どものあそび場との距離が遠くなるとともに減少し、あそびの内容も限定されてきている。このような環境の変化から子ども達の基礎的な運動能力の低下が現れ、さらに社会性や人間性が育ち難くなってきているのではないのでしょうか。

　めまぐるしく変化する社会の中で幼児教育に携わる保育者は、環境とあそびの関わりの重要性を考えながら、今後どのようにして子ども達の健全な発育・発達を促していくかを常に模索しなければならない。

　2001（平成13）年に文部科学大臣から中央教育審議会に教育に関する諮問があり、この諮問を受けて中央教育審議会が2002（平成14）年に「子どもの体力向上のための総合的な方策について（答申）」が出された。その中に、1964（昭和39）年から文部科学省が継続的に実施している「体力・運動能力調査」によると、子どもの、走る力・投げる力・握力などは、全年代において長期的に低下の一途をたどって

いる[1]などの報告を取り上げている。これを受けて、文部科学省の調査研究が実施されることとなり、幼児教育については、2007（平成19）年から平成21年までの3年間「体力向上の基礎を培うための幼児期における実践活動の在り方に関する調査研究」が実施され、ここで得られた成果を踏まえ、「幼児期運動指針策定委員会」を設置し、2012（平成24）年に「幼児期運動指針（ガイドブック）」が作成され、文部科学省より全国の各幼稚園・保育所に配布されることとなった。

　「幼児期運動指針（ガイドブック）」では、「幼児は様々な遊びを中心に、毎日、合計60分以上、楽しく体を動かすこと」を目標に、1日の身体活動の合計が60分以上になることが大切であるとし、幼児期の運動指針のポイントとして次の3点を挙げている。1．多様な動きが経験できるように様々な遊びを取り入れること。2．楽しく体を動かす時間を確保すること。3．発達の特性に応じた遊びを提供すること。[2]としている。

　近年の我が国の保育現場において幼稚園と保育所の枠組みを超えた柔軟な対応が必要となり、2006（平成18）年に「就学前の子どもに関する教育、保育等の総合的な提供の推進に関する法律」が制定され、認定こども園制度がスタートすることとなった。これにより国が示す保育現場の保育計画については、幼稚園教育要領（以下、教育要領）、保育所保育指針（以下、保育指針）、幼保連携型認定こども園教育・保育要領（以下、教育・保育要領）に基づいて保育実践がなされ、2017（平成29）年3月に同時告示され、2018（平成30）年度から施行されることとなった。これまで教育要領、保育指針の教育内容の整合性に向けて改訂を繰り返して来たが、さらに教育・保育要領を含めそれぞれの教育内容の整合性に向けて改訂が行われ、統一が図られるようになった。

　これらの教育要領・保育指針、教育・保育要

領の中に新たに各施設において共通の内容として示されている。ここでは教育要領の内容を以下に示すこととする。

指針では、第1章 総則 4 幼児教育を行う施設として共有すべき事項（1）育みたい資質・能力、（2）幼児期の終わりまでに育ってほしい姿 として示されている。[3]

教育・保育要領では、第1章 総則 3 幼保連携型認定こども園の教育及び保育において育みたい資質・能力及び「幼児期の終わりまでに育ってほしい姿」として示されている。[4]

幼稚園教育要領 第1章 総則、第2 幼稚園教育において育みたい資質・能力及び「幼児期の終わりまでに育ってほしい姿」

1　幼稚園においては、生きる力の基礎をはぐくむため、この章の第1に示す幼稚園教育の基本を踏まえ、次に掲げる資質・能力を一体的に育むよう努めるものとする。

（1）豊かな体験を通じて、感じたり、気付いたり、分かったり、できるようになったりする「知識及び技能の基礎」

（2）気付いたことや、できるようになったことなどを使い、考えたり、試したり、工夫したり、表現したりする「思考力、判断力、表現力等の基礎」

（3）心情、意欲、態度が育つ中で、よりよい生活を営もうとする「学びに向かう力、人間性等」

2　1に示す資質・能力は、第2章に示すねらい及び内容に基づく活動全体によって育むものである。

3　次に示す「幼児期の終わりまでに育ってほしい姿」は、第2章に示すねらい及び内容に基づく活動全体を通して資質・能力が育まれている幼児の幼稚園終了時の具体的な姿であり、教師が指導を行う際に考慮するものである。

（1）**健康な心と体**

幼稚園生活の中で、充実感をもって自分のやりたいことに向かって心と体を十分に働かせ、見通しをもって行動し、自ら健康で安全な生活をつくり出すようになる。

（2）**自立心**

身近な環境に主体的に関わり様々な活動を楽しむ中で、しなければならないことを自覚し、自分の力で行うために考えたり、工夫したりしながら、諦めずにやり遂げることで達成感を味わい、自信を持って行動するようになる。

（3）**協同性**

友達と関わる中で、互いの思いや考えなどを共有し、共通の目的の実現に向けて、考えたり、工夫したり、協力したりし、充実感をもってやり遂げるようになる。

（4）**道徳性・規範意識の芽生え**

友達と様々な体験を重ねる中で、してよいことや悪いことが分かり、自分の行動を振り返ったり、友達の気持ちに共感したりし、相手の立場に立って行動するようになる。また、きまりを守ったりするようになる。

（5）**社会生活との関わり**

家族を大切にしようとする気持ちをもつとともに、地域の身近な人と触れ合う中で、人との様々な関わりに気付き、相手の気持ちを考えて関わり、自分が役に立つ喜びを感じ、地域に親しみを持つようになる。また、幼稚園内外の様々な環境に関わる中で、遊びや生活に必要な情報を取り入れ、情報に基づき判断したり、情報を伝え合ったり、活用したりするなど、情報を役立てながら活動するようになるとともに、公共の施設を大切に利用するなどして、社会とのつながりなどを意識するようになる。

（6）**思考力の芽生え**

身近な事象に積極的に関わる中で、物の性質や仕組みなどを感じ取ったり、気付いたりし、考えたり、予想したり、工夫したりするなど、多様な関わりを楽しむようになる。また、友達の様々な考えに触れる中で、自分と異なる考えがあることに気付き、自ら判断したり、考え直したりするなど、新しい考えを生み出す喜びを味わいながら、自分の考えをよりよいものにするようになる。

（7）**自然との関わり・生命尊重**

自然に触れて感度する体験を通して、自然の変化などを感じ取り、好奇心や探究心をもって

考え言葉などで表現しながら、身近な事象への関心が高まるとともに、自然への愛情や畏敬の念をもつようになる。また、身近な動植物に心を動かされる中で、生命の不思議さや尊さに気付き、身近な動植物への接し方を考え、命あるものとしていたわり、大切にする気持ちをもって関わるようになる。

（8）数量や図形、標識や文字などへの関心・感覚

遊びや生活の中で、数量や図形、標識や文字などに親しむ体験を重ねたり、標識や文字の役割に気付いたりし、自らの必要感に基づきこれらを活用し、興味や関心、間隔をもつようになる。

（9）言葉による伝え合い

先生や友達と心を通わせる中で、絵本や物語などに親しみながら、豊かな言葉や表現を身に付け、経験したことや考えたことなどを言葉で伝えたり、相手の話を注意して聞いたりし、言葉よる伝え合いを楽しむようになる。

（10）豊かな感性と表現

心を動かす出来事などに触れ感性を働かせる中で、様々な素材の特徴や表現の仕方などに気付き、感じたことや考えたことを自分で表現したり、友達同士で表現する過程を楽しんだりし、表現する喜びを味わい、意欲をもつようになる。

実際の指導場面では、「知識及び技能の基礎」、「思考力、判断力、表現力等の基礎」、「学びに向かう力、人間性等」および「幼児期の終わりまでに育ってほしい姿」が到達すべき目標ではないことや、個別に取り出されて指導されるものではないことに十分留意する必要があると述べられ、小学校以降の子どもの発達を見通しながらスムーズな連続（接続）が行われるようにすることが重要であるとしている。また、第2章 ねらい及び内容 健康3 内容の取扱い（1）心と体の健康は、相互に密接な関連があるものであることを踏まえ、幼児が教師や他の幼児との温かい触れ合いの中で自己の存在感や充実感を味わうことなどを基礎として、しなやかな心と体の発達を促すこと。特に十分に体を動かす気持ちよさを体験し、自ら体を動かそうとする意欲が育つようにすること。として、先に述べた「幼児期運動指針」などを踏まえ新たに示されることとなった。[5]

「教育・保育要領」の教育および保育、「保育指針」の保育および「教育要領」では、いずれも子どもの自発的・主体的な活動を促すために保育者が援助（環境構成、助言、誘導など）を行うことによって、先に述べた育みたい資質・能力及び「幼児期の終わりまでに育ってほしい姿」などの多くの経験（体験）を繰り返し、積み重ねることで、子どもが身に付けることが望まれる「心情」「意欲」「習慣や態度」などについて示された内容である。

これらの指導内容のねらいは、「自由に」「明るく」「伸び伸びと」「元気よく」「意欲的に」「様々な環境に働きかけ」「友達同士仲良く協力し合って」「楽しく」遊べる子どもを育成することである。このようなあそびが展開できる環境を整えていくことが、保育者としての使命でもあり大切な役割である。

運動あそびを通して様々な新しい経験をし、それが幼児にとって楽しみであり、喜びなのである。身体を操作することやあそびが楽しく上手くできてくることによって欲求が満足され、身体的・精神的独立と安定を得ることができるのである。

この運動あそびを、子どもの人格形成という視点からみると、幼児は意識しないで、常に体育をしているのである。身体活動を通しての人格形成が体育である。身体活動を通して、身体的・精神的な成長をし、望ましい子どもがつくられることが体育である。

運動あそびを通して、健康的な身体の成長を促し、友達などとの接触の機会から社会性が育ち、遊びを工夫したり、想像から創造するなどの知的な発達を遂げることができ、意志力、積極さ、自立心などの精神的な側面を身に付けることができるのである。

特に運動あそびを通して、子どもたちに理解させ、学ばせること、などの機会が多くあることを指導者は見落としてはならない。

教育要領、保育指針、教育・保育要領に示されたねらいや内容を基本において、幼児体育の目標を考えると、次の6つの目標をあげることができる。

1）十分な身体活動の充実感や満足感を得る。

ただ単に身体を動かしているということではなく、思う存分動きまわって、楽しさを味わうことによって欲求が満たされ、身体的・精神的独立と安定を得ることができるのである。そのことによって、また次のあそびへの期待や興味を持つことができ、更なる活動力が生まれるのである。

2）基礎的な運動能力を高め、身体諸機能の調和的な発達を図る。

身体全体を使って運動することによって、身長、体重、胸囲などの形態的な発達に好ましい影響を与え、呼吸器や循環器などの生理的機能を高め、運動の刺激から骨格や筋肉の成長や発達にも影響を与えるのである。運動することによって基礎的な運動能力が発達すると共に、複雑な筋コントロールが必要な高度な技術を用いたあそびができるようになるのである。

3）自立心、自信、気力、忍耐力、創造力などを養う。

運動あそびの場面では、自分の力を試してみたり、保育者の手を借りずに自分一人でやること、長く続けて頑張ること、勇気を出して思い切ってやってみる、などのあそびから自信をつけ自立へとつながり、人間生活に必要な精神的な側面が養われるのである。また、様々な遊具や用具を楽しくあそぶために工夫をしたり創造することなどによって創造力が養われ、豊かなものとなるのである。

4）協力、きまり、役割などを体験し、社会性や道徳心の芽生えを培う

一人で遊具や用具を使ってあそぶ場合でも、正しい使い方やきまりがある。遊具や用具を独り占めしたり、乱暴に取り扱ったりすると、他の友だちがあそべなかったり、自分自身もあそべなくなることを知り、順番を守ったり、準備や後片付けなども経験し、自分達できまりをつくることもできる。特に運動あそびの場面では、

対人的に行なうあそびやグループで行なうあそびがあり、友達と協力したり役割を分担することで楽しくあそべることを体験したり、身体の弱い友達や運動能力が劣る友達をのけ者にせず、励ましや思いやり、いたわりの気持ちを持って助け合い、共に喜びを分かち合うことなどの体験を通して、正しい仲間意識を育て、社会性や道徳心などの芽生えを培うことができる。特に今日の少子社会において、日常生活では体験すること場面も少なく、育てることが困難であるので、運動あそびによって多くの機会を与え、育てなければならない重要な項目である。

5）健康や安全について望ましい習慣や態度を身に付ける。

運動あそびは、屋内、屋外を問わず活発な身体活動であるので、身体が汚れることは当然である。あそぶ時は、動きやすい服装に着替えて思う存分身体を動かし、あそびが終わった後は「汗を拭く」「汚れた手足などを洗う」「汚れた衣服を着替える」など、身体を清潔にするという実際の場面に直面させることで身につきやすく、効果的である。また、それを繰り返すことによって習慣化することができるのである。

安全については、2）の基礎的な運動能力を向上させることで、自分の身体を思うようにコントロールすることができて危険から身を守ることができ、瞬時に判断して行動できる能力を身に付ける必要がある。また、運動能力が向上してくると、あそびの内容がさらに活発になり、複雑になってくるので、より危険性が増すことがある。危険なあそびをしないことや、危険な場所であそばない、遊具や用具は安全に使用するなど、4）のきまりを守ることや道徳心などを培うことによって、安全についての意味を理解させ、健康的な生活を送るための習慣や態度を身に付けることができるのである。

6）施設や遊具についての望ましい習慣や態度を身に付ける。

運動あそびでは、遊具や用具を使ってあそぶことが多く、あそびが活発になればなるほど傷みが激しくなるが、いたずらに乱暴に扱うことがあってはならない。自分達を喜ばせてくれる

道具を大切にすることの必要性を理解させ、物を大切にする心や態度を身に付ける必要がある。乱暴に扱わず、使った後は汚れを落として清潔にしておくなどの習慣を身に付けることも大切である。

2．発育・発達段階に応じた指導

　幼児の心身の発育や発達を好ましい方向に導き、効果的に指導するためには、第2章・第3章で述べられている心身の発育や発達の特徴を的確に捉え、幼児の体力・運動能力の実態や運動技術の発達段階に即した無理のないものでなければ、いくら立派な目標を立てて指導しても無意味である。

　幼児体育の指導は、運動技能の面の指導だけではなく、身体の発育や精神的な側面、さらには社会的な面からも全面的な発達を図らなければならない。

　体育は、身体活動を通しての人間形成であって、身体および精神的な成長を促し、望ましい子どもがつくられ、人格が形成されていくことが体育である。先にも述べた、身体的、精神的、社会的について、それぞれの発育・発達に応じた指導について述べることにする。

1）身体の発育・発達に応じた指導

　運動あそびを活発に行うことによって、視覚、聴覚、触覚などの感覚器に刺激を与え、大脳へも大きな刺激を与えることになる。また、運動することによって、呼吸器や循環器系あるいは、骨格や筋肉の成長や発達に影響を及ぼすのである。このように人間の身体は、使えば成長し、使わなければ衰える、使いすぎると障害を起こすという原則を考えながら、よりよい成長や発達の刺激を与えることが大切である。

　幼児の運動能力の発達は、各部の動きが分化していない全身的な動きから、徐々に局部的な特殊運動が分化して、巧みな動きができるようになる。発達は、身体の頭から足の方へ、または、中心部から末梢部への順序で進むのである。したがって、全身的な平衡系や移動系の運動から、用具を扱う操作系の運動へ発展させる必要

がある。また、幼児期では、神経系の発達が最も早く、神経支配による運動経験を多く取り入れ、調整的な運動能力の発達を助長させることが、幼児体育の主な目的である。

　この調整力とは、自分の身体のバランスを保つ平衡性の能力、跳び越す・跳びあがる・一気に押す（引く）などの瞬発力、素早く運動したり方向を変えたりする敏捷性の能力、いろいろな運動が組み合わさった協応性の能力等である。基礎的な運動能力の中に持久性の能力があるが、幼児期の指導の段階では、指導目標を持久力を向上させることを主目的にすることは好ましくない。調整力を中心とした運動によって、随伴的に持久力が高められるのである。また、幼児期には、循環器や呼吸器の機能の発達が不十分であり、筋力も十分に発達していないので、急激な運動や極端に激しい運動は避けるべきである。

2）精神発達とその指導

　運動は、身体的な能力だけで行われているのではなく、外部からの刺激を知覚し、それが何であるかを判断して、正しく反応して行動に移さなければならない。

　幼児期には、視覚や聴覚はかなり発達しているが、様々な感覚器を通してつくられる能力（方向を知覚したり、物の大きさや形を見分ける空間観念や、遅速などの時間経過などに関する時間観念）は十分に発達していない。したがって、これらの能力は様々な運動刺激によって拡大されるのであり、また、知覚の発達に伴って運動能力そのものも格段に発達するのである。

　知的な面との関係については、言語を理解したり記憶することで運動が正しく行われのであるが、この知的な面の急速な発達がみられるのは4歳から5歳ごろであるので、指導するにあたっては、いくつもの指示を一度に出したり、複雑な運動をさせることは、4歳以前では特に留意する必要がある。

　運動の成果を上げるためには、運動そのものに精神を集中することが必要である。しかし幼児期前半では、精神集中を容易にすることができず、十分な成果を上げることができないこと

が多いが、指導者の言語指示や目標物を抽象的なものではなく具体的に指示してやることによって、その成果が期待できるのである。年齢が進むにつれ、精神集中と同時に運動の分化により、更なる発展がみられるのである。

　運動あそびの指導では、幼児の生活に密着した事象をあそびの中に盛り込んで想像性を豊かにし、年齢が進むにつれ、様々なあそびを工夫したり、新しいあそびを自分達でつくりだすような創造的なあそびへと発展するよう、指導内容を考えなければならない。また、指導者が全てを指導してしまうのではなく、幼児自身が創意工夫できる余地を残しておくことも必要である。

　運動あそびの場面では、競争的なあそびが多くみられるが、家庭環境の違いによって競争意識の発達が大きく異なる。競争意識は4歳から5歳あたりで顕著に現れてくるが、いたずらに競争意識をかきたてるのではなく、競争に対する正しい態度と共に、協同することや協力する心を育てることが必要である。相手と楽しく競い合うことができ、味方同士が共同していろんなゲームが楽しめるようにすることも指導上大切なことである。このことによって、きまりを守ったり、友達と協力して役割を分担することの大切さを、運動あそびを通して理解し、養われていくのである。

　その他の精神的側面を考えた場合、依存から独立へと成長していく中で、自立心、積極性、自信、忍耐力、克己心、などの側面も、運動あそびを通して養っていく必要があり、また、その機会が多いことを十分に知る必要がある。

3）社会性の発達とその指導

　社会性を育てるためには、特に対人関係を中心とした集団であそぶ機会が最も適しているが、少子社会の現状では、子ども達が集団を形成してあそぶこと自体が非常に困難であり、体験することも少なくなる。したがって、幼児教育の現場で、運動あそびを通してより多く体験し、身に付けさせることが期待される。また、社会性と精神的側面の育成との間に共通点が多いことを知る必要がある。

　幼児が自然につくる集団は2〜4人くらいが最も多く、それ以上の集団であそんでいる姿はあまりみられない。3歳頃までは数人であそんでいても、相互に働き合いのない平行的なあそびから、年齢が進むにつれ連合的なあそびから協同的なあそびへと発展していくが、特に4歳以後グループでのあそびを徐々に多く取り入れて指導することが必要である。

　4歳以後になると、小集団で共同してあそぶことができるようになり、5歳頃には仲間意識が強くなり、お互いを認め合って協力してあそぶことができるようになる。運動あそびを通して、味方同士が協同して、競い合うことを楽しみ、人間関係を確立させていくことができ、ルールのあるゲームが楽しめるようになるのである。また、簡単なルールであれば自分達でつくることもできるようになる。

　運動あそびを通して自己中心を脱し、自分の周りにいる人との人間関係の基礎を築くと同時に、精神的側面をも育てていくことが必要である。

3．指導上のポイントと留意点

　器具や遊具の持つ特性がそれぞれあるが、あそび方によっても幼児に必要な基礎的運動能力が養われるものである。ここでは器具や遊具の持つ特性ではなく、あそびの形態を紹介するので、その内容を理解して指導に役立てていただきたい。

1）基礎的な運動能力を養うポイント

（1）**平衡性の能力**：高い場所や狭い場所でのあそび、または、不安定な場所でのあそびで、バランスを崩さないようにしてするあそび。

（2）**柔軟性の能力**：身体を深く曲げたり反らしたりして、関節の可動範囲いっぱいに動かすことが多いあそび。

（3）**瞬発力**：跳び越したり、跳びあがったりするあそびや、瞬間的に押したり、引いたりするあそび。

（4）**持久力**：筋肉の緊張を持続させたまま運

動を続けるあそびで、落ちないようにぶら下がったり、よじ登ったりするあそび。また、押すことや引くことを続けたり、走り続けることなどのあそび。一つの運動を瞬間的ではなく少しの時間でも最後まで続けて行うあそび。

（5）**協応性の能力**：いくつかの運動が組み合わさった運動で、手の動きと脚の動きをタイミングよく動かしてあそんだり、とぶあそび全般にみられるようにバランスを保ちながら身体を操作して移動したり、手や足でボールなどを操作するような技能的なあそび。

（6）**敏捷性の能力**：瞬時に方向を変えたり、素早く動作してあそぶ。また、バランスを保ちながら運動を続けるあそび。

2）精神的側面を養うポイント

（1）**積極性、自信、自立心**：高いところへ登ったり、鉄棒などで回転するあそび。不安定な場所や姿勢でするあそび。また、障害物を跳び越したり、跳び上がったりするあそび。

（2）**忍耐力、克己心**：持久力が主に培われるあそびで、長い距離や時間続けるあそび。少しの時間でも最後まで続けて行うあそび。

（3）**注意力、判断力、沈着さ**：特に高い場所や狭い場所でのあそびや、不安定な場所でのあそび、または、技能的なあそび。

（4）**きまり、協力、役割などを理解する**：特に数人のグループでするあそびで、約束事を守って役割を分担したり、順番を守ったりしてあそぶ。

　このように、あそびの形態によって様々な基礎的運動能力や精神的側面が養われていくが、同じ形態のあそびでもいくつかの要素を同時に養うこともできるのである。また、それぞれの要素を養うのに適した用具や遊具を利用することによって効果をあげることができるのである。

3）運動あそびの指導法

　指導の方法論としては、極端な二つの考え方がある。

　一つは、「自由あそび」や「自由保育」と称され、幼児が自らの興味や関心に基づいて行うあそびに、保育者が一人ひとりの幼児に対して、側面から援助して好ましい方向へ導こうとする方法である。

　もう一方は、「設定保育」や「計画保育」と称され、クラスや幼児全体の向かう方向を修正したり欠陥を補足することや、共通の課題を見つけ出した時、あるいは、自由あそびでは経験することのできないあそびを、指導者が必要に応じて、計画的に指導する方法である。

　教育要領、保育指針、教育・保育要領では、幼児の主体的な活動を重視し、必要に応じて保育者が適切な環境を整え、援助していくことを主として示されている。したがって、自由あそびを中心として指導を進めていくが、この指導方法のみでは全面的な内容を指導することが困難な面もあるので、両者の指導方法を必要に応じて組み合わせることによって効果をあげることができるのである。この両者の指導方法は、当然その目標やねらいが異なってくるが、幼児は、それを意識してあそんでいるわけではないので、どちらも幼児の興味や関心が重んじられ、楽しいあそびでなくてはならないのである。特に設定保育では、運動の技術的な指導のみに偏り訓練的にならないように気をつけなければならない。また、幼児の生活と遊離した特定の運動に偏った指導を行うことがないよう配慮することが必要である。

4）指導上の留意点

（1）**発育や発達段階に即した指導**：幼児期は神経系の発達が著しく調整力の伸びる時期である。この時期に多様なあそびを経験して、調整力中心に体力や運動能力を身につけさせたいものである。

（2）**個人差を配慮した指導**：幼児期は、月齢の差や性別によって運動経験に大きな個人差があり、興味や関心も異なってくるので、この点に十分配慮して指導することが大切である。

（3）**興味や関心に即した指導**：保育者の計画した目標に近づけようとするあまりに、幼児の興味や関心を忘れられることが多い。興味や関

心に即していなければ、あそびそのものが楽しくなくなり、幼児の自主的な活動を期待することはできない。

（4）**喜びや楽しさを味わえる指導**：思う存分動きまわり、難しいことにチャレンジして、できた時の喜びを味わうことによって満足感を得て、次のあそびへの期待感を持たせる。

（5）**偏りのない調和のとれた指導**：幼児の心身の発達が未分化であるため、偏ったあそびや、特定の運動能力だけを強調して指導することは、調和のとれた発達を促すことはできないのである。未経験な部分が多くなる弊害は避けたいものである。

（6）**変化のある指導**：幼児は、注意力や集中力が不十分であるので、指導内容や指導方法の面で変化のある指導を工夫し、幼児の興味が持続するよう配慮する必要がある。

（7）**意欲を育てる指導**：いくら立派な指導目標を立てても、幼児の発育や発達の程度および興味や関心即していなければ無意味である。幼児の実態を十分考慮して、少しずつ先回りをして、確実に達成できる目標を立てる必要がある。また、達成できた内容については、具体的にほめて自信を持たせ、更なる意欲を育てるように心がけることが必要である。

（8）**安全を配慮した指導**：幼児が安心して活動できる環境を整えると共に、幼児が自ら安全に気をつけてあそぶことができるよう指導することが大切である。

【参考・引用文献】
1）子どもの体力向上のための総合的な方策について（答申）－文部科学省 2002.9（中央教育審議会）
2）幼児期運動指針（ガイドブック）文部科学省 幼児期運動指針策定委員会 2012.3
3）保育所保育指針 厚生労働省告示 2017.3.31
4）幼保連携型認定こども園教育・保育要領（告示）内閣府、文部科学省、厚生労働省 2017.3.31
5）幼稚園教育要領解説 文部科学省 フレーベル館 2018.3

第5章　指導計画とその評価及び教材管理

1．指導計画の立て方・評価

1）指導計画の意義

　幼児の自主的な活動が展開され、望ましい成長発達を促進させるためには、幼児の興味や関心の方向や欲求を重視しながら、幼児に必要な調和のとれたあそびの内容（経験や活動）を、各年齢や各学期ごとの成長や発達の段階に応じて、環境との関わりを考慮しながら選択し配列した指導計画が必要である。

　指導計画は、適切な時期に経験させ、獲得すべき活動の具体的な内容を明確にして、段階的に無理のない指導を進めていくための意義がある。

　「いつ」「どこで」「どんな子どもに」「なにを」「何のために」「どのようにして」指導するか、全体的な見通しを立て、偏りのない調和のとれた指導が、保育の現場に即して、柔軟に進められるよう計画することが必要である。

2）指導計画の種類と内容

　指導計画には、期間を捉えた長期的な計画と短期的な計画とがある。長期的なものには、「年間計画」「各学期毎の計画」「月案」などがあり、短期的なものには、「週案」「日案」「設定保育計画」などがある。

　この期間を捉えた長期と短期の計画は、それぞれ特色を持っているが、全く独立したものではなく、相互に関連して発展性と具体性を持っているのである。

　長期の指導計画は、季節や時期に応じたねらいを1ヶ月から1年間の流れの中に位置づけ、重点的に指導すべき内容を系列的に捉えて作成していくものである。

　短期の指導計画は、長期の指導計画を基にして、評価や反省を繰り返しながら修正を加え、期間が短くなればなるほど、ねらいやそれに必要な経験や活動の内容をより具体化させることによって、実情に即した、より良い指導案ができるのである。

　期間とは異なり、実際の指導を具体的に進めるための最も基本となる指導計画が単元計画である。この単元計画は、大きく次の3つに分けることができる。

（1）「生活単元」…幼児の生活を中心としたもの。（基本的生活習慣など）

（2）「教材単元」…運動あそびを中心としたもの。（鬼あそび・ボールあそびなど）

（3）「行事単元」…行事をもとに活動のまとまりを構成したもの。（運動会・遠足・お祭りなど）

この単元の構成と配列は、年間計画に基づいて導き出されたり、また逆に単元を積み重ねることによって年間計画を作成することができる。

3）指導計画の評価

　評価は、指導の目標がどの程度達成されたかをみるためだけではない。

　初期には、指導計画を作成する前に幼児の「実態を把握」して、指導目標を設定するための基礎資料を得るために行われる。

　中間期には、幼児の実態を基にして作成された指導計画や指導目標に照らして、着実に望ましい方向に変化しているか「指導の効果」を確認するために行われる。

　終期には、指導目標の達成度を把握するために行われる。また、日々は勿論のこと、各週、各月、各期に定期的に行ったり、随時必要に応じて評価することもある。

　それぞれの時期に評価したものを、指導計画や指導目標に照らして、適切な方向に着実に変化していなければ、指導計画や指導目標の修正や、指導法や指導内容の改善を行うことや、全般的な指導計画の見直しを行うためにも不可欠のものである。

2．指導計画の具体例および留意点

1）指導計画作成上の留意点

　指導計画がいくら立派であっても、幼児の実態や指導の場面に即していなければ無意味であり、「計画だおれ」になってしまうのである。指導目標を達成するためには、長期にわたる年間の見通しを持って進展を明確にし、総合的に偏りのない、調和のとれた弾力的な指導が進められるよう配慮しなければならない。そのためには、次のような点に留意する必要がある。

（1）幼稚園教育要領、保育所保育指針、幼保連携型認定こども園教育・保育要領を踏まえて、各領域との関連を考慮した総合的な活動であること。

（2）幼児の興味の方向や関心を捉え、心身の発達程度に応じたもの。（幼児の実態）

（3）施設・用具・教職員・幼児の人数・園の保育時間等を考慮する。（園の実態）

（4）家庭や地域環境の背景や特性などを配慮する。（環境の実態）

（5）行事や季節感などを考慮する。

（6）短期間で行う活動と長期にわたって行う活動を考える。

（7）屋内や屋外で行う活動、静的活動と動的活動の調和のとれた配列を考える。

指導計画を基にして実際の指導を進めていく時に、計画通りに進めようとするあまりに、保育者側の「おしつけ」や「訓練的」な指導になり、幼児にとって楽しいはずのあそびが楽しくなくなることがある。保育者は常に幼児の興味の方向や欲求の度合いなどの変化に気を配り、柔軟に指導にあたることが大切である。また、指導の現場で幼児に起こり得る変化を想定した「腹案」＝「副案」を持って、柔軟に指導を進めていくことが必要である。

２）指導計画の具体例

・年間計画例　３歳児　（幼稚園）

期	1期（4月〜5月）	2期（6月〜8月）	3期（9月〜10月）
発達過程	自分から見つけた遊びや、保育者との触れ合いの中で、しだいに安定していく。	周囲のものや友達に興味や関心を示し、しだいに遊びに広がりが見えてくる。	興味を持った遊びにじっくり取り組んだり、友達と同じ場で遊ぶ楽しさを知る。
ねらい	◎喜んで登園する。 ◎先生に親しみ、園生活の過ごし方を知る。 ◎自分なりの安定の場を見つけて遊ぶ。	◎好きな遊びを見つけて、楽しむ。 ◎遊びや生活の流れを知り、園生活のリズムになじむ。 ◎遊びや生活の中で、自分の思いや要求を伝えようとする。	◎好きな友達と一緒に遊ぶことを楽しむ。 ◎先生や友達とかかわる言葉を知る。 ◎体をのびのびと動かして遊ぶ楽しさを味わう。 ◎秋の自然に触れて、関心を持つ。
内容	○先生に親しみを持ち、いろいろな友達がいることを知る。 ○先生に手助けしてもらいながら、身のまわりの始末をしようとする。 ○毎日の園生活の流れを知る。 ○自分のやってみたいことを見つけて遊ぶ。	○自分の好きな遊びを喜んでする。 ○園生活の流れやリズムが少しずつわかる。 ○身のまわりの始末を自分でやってみる。 ○自分のしたいこと、してほしいことを言葉で相手に伝える。 ○先生や友達と触れ合って遊ぶ楽しさを知る。 ○戸外でのびのびと体を動かして遊ぶ。	○自分の遊びに友達を迎えたり、相手の遊びに加わったりしながら、かかわって遊ぶ。 ○園生活や遊びに必要な言葉を使って、先生や友達とかかわる。 ○戸外で体を十分に動かして遊ぶ。 ○秋の虫や木ノ実などに触れて遊ぶ。
環境の構成援助・配慮	・子どもの不安な気持ちを受け止め、1人ひとりに応じたかかわりを大切にする。 ・園生活の決まりや約束事などは、毎日のくり返しの中で、時に手伝ったり励ましたりしながら、気付かせていく。 ・保育室は、明るく楽しい、しかも安心して入れる雰囲気を心がけ、安全面にも配慮する。・小動物のエサやりや草花の水やりを通して、興味に添ったかかわりが楽しめるようにする。	・子どもの行動や要求を見落とさず丁寧にかかわる。 ・保育者と一緒に鬼ごっこなどをして遊ぶ中、友達とも触れ合う楽しさを知らせていく。 ・どろんこ遊びや水遊びなどを通して、のびのびと体を動かして遊ぶ楽しさが味わえるようにする。 ・疲れやすい時期なので健康に留意し、静的な遊びと動的な遊びのバランスを考え、柔軟性をもった保育を考える。 ・梅雨期は特に室内での活動が多くなるので、素材やゆうぐの出し方を工夫し、遊びが楽しめるようにする。	・自分の思いを強く主張することからトラブルを起こしやすいので、保育者が仲立ちして、その子の思いを伝えたり、相手の気持ちに気付かせたりしながら、かかわり方を知らせる。 ・遊びに意欲的に取り組めるよう、さらに新たな遊具や素材を用意し、自然の素材も生かしながら遊べるようにする。 ・運動会や遠足など行事が多い時期なので、保育者中心の保育に偏らないよう注意する。

・年間計画例　3歳児　（幼稚園）

期	4期（11月～12月）	5期（1月～3月）
過程 発達	気の合った友達と遊ぶことが楽しくなり、遊びが持続していくようになる。	自分からいろいろな活動に取り組み、友達と積極的に遊びを深め合っていく。
ね ら い	◎ごっこ遊びを通して友達とのやり取りを楽しむ。 ◎自分なりの思いやイメージを、様々な場で表現して楽しむ。 ◎遊びを通して集団生活に必要なルールを身につける。	◎自分なりのペースで、遊びや生活に意欲的に取り組もうとする。 ◎友達とイメージを伝え合いながら表現する楽しさを知る。 ◎大きくなったことを喜び、進級に期待を持って生活する。
内 容	○友達と共通した遊びに必要な道具を一緒に作ったりしながら、劇遊びやごっこ遊びを楽しむ。 ○友達をかばったり、気持ちをくみ取ったりする。 ○描いたり作ったりする中でいろいろな素材に触れ、自分のイメージを表現する。 ○して良いことや悪いことがわかる。	○自分のやりたい遊びに進んで取り組んだり、先生や友達の手伝いを喜んでする。 ○友達とごっこ遊び等を楽しむ中で、自分の思ったことや考えたことを互いに出し合いながら、なりきって遊ぶ。 ○霜・氷・雪などの冬の事象に関心を持ち、触れて遊ぶ。 ○成長したことを実感し、進級を楽しみにする。
環境の構成 援助・配慮	・友達と遊ぶ中で、それぞれが思いを十分に表しながらかかわっているか、また互いの思いが伝わっているかをとらえて援助する。 ・描いたり作ったりすることが楽しめるように、興味を持ちそうな素材を用意し、じっくり取り組めるようにする。また、それぞれの表現を受け止めていく。 ・集団生活での約束事やルールがわかって守れるように、そのつど丁寧に言葉で伝えていく。	・いろいろなことに積極的に取り組んで、満足感や充実感を味わう中で、新たな期待感が持てるようにする。 ・それぞれの思いや考えを話せる場や時間をゆったりと持ち、1人ひとりが十分に自己を出せるようにする。 ・1年間のその子なりの成長を把握し、ゆったりとかかわりながら、子どもと共に成長を喜び合う。 ・子ども達が進めている遊びを見守り、認めることで成長に気付かせ、進級への期待につなげていく。

・年間計画例　4歳児　（幼稚園）

期	1期（4月～5月中旬）	2期（5月下旬～6月）	3期（7月～9月上旬）
発達過程	新しい保育者や友達との生活に適応していく。	身近な環境や友達に、興味を持ってかかわりながら遊ぶようになる。	身の回りのことに興味、関心を持ち、生活経験を広げていく。
ねらい	◎園や先生に親しみを持つ。（新入園児） ◎園での生活に慣れ、安心して遊ぶ。 ◎自分の好きな遊びを楽しむ。	◎自分の気に入った遊びに取り組み、親しむ。 ◎関心を持った友達とかかわろうとする。	◎友達や先生の動きに関心を持ち、新しい遊びに加わって楽しむ。 ◎感じたことや考えたことを、言葉や動作で表そうとする。
内容	＜進級児＞ ○新しいクラスの先生や友達とかかわりながら、新しい生活に慣れる。 ○好きな遊びを見つけて楽しむ。 ＜新入園児＞ ○先生に親しみを持ち、安心してかかわる。 ○好きな場所や遊具を見つけて遊ぶ。	○いろいろな素材に興味を持って遊ぶ。 ○興味のある遊びに取り組んだり、園内を探索したりして、楽しくすごす。 ○生活の中で、相手にも思いがあることに気づいたり、順番があることを知ったりする。 ○身の回りのことを、自分なりにする。	○友達が始めた遊びや、先生が提案した遊びにも関心を持ってかかわる。 ○自分の思っていることを言葉で表現したり、相手の立場になって考えたりする。 ○夏ならではの遊びを楽しむ。
環境の構成・援助・配慮	・保育者は、1人ひとりの子どもと触れ合いを持ち、あたたかく受けとめていく。 ・子どもが慣れ親しんでいる遊具や、家庭で経験している遊びの場を用意し、1人ひとりが自分の興味をよりどころにして遊べるようにする。	・教材や用具は一定の場所に用意し、子どもがやりたい遊びにかかわっていけるようにする。 ・快適にすごすための生活のしかた、遊びでのルールなどを、機会をとらえて伝えていく。・遊びがより楽しくなるように、一緒に参加し、新しい遊びを投げかけてたりしていく。	・この季節にしか経験できない遊びを積極的に取り入れていき、経験の幅を広げていく。 ・子どもが自分を出すようになると、トラブルが多くなるので、お互いの気持ちを聞いたり、相手に伝えたりしながら、気持ちの表し方を知らせていく。

・年間計画例　4歳児　（幼稚園）

期	4期（9月中旬〜10月）	5期（11月〜12月）	6期（1月〜3月）
発達過程	いろいろな経験を通して、クラスの友達とのつながりを感じとる。	友達の中で素直に自分を出し、行動するようになる。	気の合う友達と考えを出し合いながら、遊びを進めていこうとする。
ねらい	◎気の合う友達とかかわりながら、いろいろな遊びを楽しむ。 ◎先生や友達と一緒に遊んだり、クラスのみんなで活動する楽しさを味わう。	◎自分の力を発揮しながら、友達とかかわって遊ぶ楽しさを味わう。 ◎みんなと一緒に遊ぶ中で、自分なりの目的やイメージをもって遊びに取り組もうとする。	◎気の合う友達と、互いの考えやイメージを伝え合いながら遊びを楽しむ。 ◎友達と共通の目的を持って遊ぶ楽しさを味わう。 ◎進級に期待を持ち、主体的に生活する。
内容	○自分らしさを発揮しながら、同じ遊びに興味を持つ友達と遊びを進めていく。 ○年長児の遊びに刺激を受けて、自分達なりに遊ぼうとする。 ○体を思いきり動かし、運動遊びを楽しむ。 ○先生や友達と一緒に遊び、心のつながりを感じとる。	○友達と一緒に遊びに必要なものを考えて作ったり、共通のイメージを持って遊んだりする。 ○みんなと一緒に遊ぶ中で自分の力を発揮しながら遊びを進めていく。 ○身近な自然に興味を持ち、遊びに取り入れる。	○遊びの中で自分の役割を意識したり、自分なりの目的を持って活動に取り組む。 ○冬の自然に、体ごとかかわるおもしろさを知る。 ○年長児になるという気持ちから、遊びや生活を自分達で考えて進めていく。
環境の構成・援助配慮	・気の合う友達が遊び場を拠点にして、友達との遊びが十分楽しめるように、力関係や個々の気持ちを把握しながら援助していく。 ・クラスのみんなと楽しめる簡単なゲームやだれでも取り組める遊びを取り上げ、『みんなで遊ぶと楽しい』という心のつながりを育んでいく。	・個々の子どものよさを認め、それを他の子どもにも知らせるようにしながら、のびのびと表現する自信と行動力を育てていく。 ・遊びの流れをつかみ、遊びがよりいっそう深まっていくような素材や遊具を提示し、子ども達が満足感を味わえるようにする。	・遊びの中で工夫や応用が見られたときには、積極的に取り上げ、認めながら、遊びの幅を広げていく。 ・グループやクラス全体で目的を持って取り組む活動に対して、その子なりにクラスの一員として行動する姿を認めていく。 ・年長児の活動や遊びを折に触れて紹介したり、一緒に経験しながら、進級への期待が持てるようにする。

・年間計画例　5歳児　（幼稚園）

期	1期（4月〜5月中旬）	2期（5月下旬〜8月）	3期（9月〜12月中旬）
発達過程	新しい環境に慣れ、自分からすすんで遊ぶようになる。	環境に働きかけて色々試みながら、経験を広げ、深めていくようになる。	自分の力を発揮しながら、友達と力を合わせて色々な活動に取り組むようになる。
ねらい	◎年長になった喜びや自覚を持つ。 ◎新しい環境に慣れ、園生活を楽しむ。	◎友達とかかわりながら、遊びを広げていく楽しさを味わう。 ◎自分なりに考えたり、工夫したりしながら遊びを楽しむ。	◎友達と考えを出し合い、工夫したりしながら、自分の力を発揮し、遊びを進めていく楽しさを味わう。 ◎自分なりの目的を持って、意欲的に取り組もうとする。
内容	○年長になった自覚をもち、思いやりの気持ちをもって新入園児の世話をする。 ○いろいろな遊びに興味を持ち、のびのびと遊ぶ。 ○自分達の生活や遊びに必要な場を、みんなで作っていく。	○自分の考えを伝えたり、友達の考えを受け入れたりしながら遊びを進める。 ○友達と一緒に活動する中で、仲間意識をもつ。 ○活動や遊びに必要なものを、工夫して作ったり、試したり、自ら調べたりする。 ○身近な小動物や植物の世話をしながら、動きや成長に関心を持つ。	○友達と協力しあい、互いの考えを認め合いながら、自分の力を発揮し、遊びを楽しく進める。 ○自分なりの目的に向かって、くり返し挑戦しようとする。 ○友達と共通の課題に向かって取り組み、仲間意識を深めていく。 ○身近な自然事象に興味をもち、季節や生活の変化に気づく。
環境の構成・援助・配慮	・年長になった喜びや新しい環境の中で不安を受けとめ、1人ひとりにじっくりかかわる。・今までしていた遊びが自由に、安心して楽しめるように、使い慣れた遊具や用具を子どもと一緒に整えていく。 ・保育者も一緒に遊びながら、友達と遊ぶ楽しさが味わえるようにする。 ・年少児の世話をしたいというやさしい気持ちを大切にする。	・友達と考えたり工夫したりしながら遊びを進めていけるように、遊具や用具、素材を用意したり、じっくり取り組めるような時間や場をつくる。 ・ルールのある遊びの楽しさが、みんなで味わえるようにする。 ・遊びや活動を進めていく中で、子ども同士が互いの気持ちをうまく伝えられない場合は、必要に応じて保育者が話し合いに加わるようにする。 ・動植物に対する子どもの興味・関心、発見に共感し、子ども同士でも伝え合い、思いやりの気持ちがもてるようにする。	・子ども同士で話し合ったり共感しあえる場を大切にし、十分に遊んで、充実感が味わえるようにする。 ・遊びを自分達で進めていけるよう、時間や場を作り、さまざまな素材や必要になる用具を子供と一緒に用意する。 ・くり返し挑戦し、最後までやり通そうとする気持ちを大切にして、友達のがんばっている姿に気づけるようにしていく。 ・自然の美しさや変化に感動し、試したり工夫しながら遊びに生かせるように援助する。 ・行事は、子どもが自分達で作り上げられるように工夫する。

・年間計画例　5歳児　（幼稚園）

期	4期（12月下旬〜2月中旬）	5期（2月下旬〜3月）
発達過程	共通の目的を持ち、協力しあいながら、遊びや生活を意欲的に進めるようにする。	小学校入学への期待を持つようになる。
ねらい	◎友達と共通の目的を持ち、協力し合いながら遊びを進め、達成した喜びを味わう。	◎入学への期待を持って生活する。 ◎場に応じた行動をとる。 ◎経験してきた遊びを楽しむ。
内容	○子ども同士でルールを相談したり、友達の遊びを取り入れたりしながら遊ぶ。 ○友達と一緒に目的に向かって取り組み、やり通したことを喜び合う。 ○クラスやグループの役割を、互いに助け合いながら、最後までやり遂げる。 ○年少・年中児との交流をもち、親しみの気持ちを深める。	○園生活を見直し、けじめのある生活をする。 ○入学に期待をもち、自信をもって行動する。 ○卒園に向けての活動に意欲的に取り組み、他クラスの友達や保育者と楽しくすごす。
環境の構成・援助・配慮	・経験をもとに自分達の力で遊びを展開し、遊ぶ楽しさや充実感を味わえるようにする。 ・1人ひとりがしたいことを十分にしながら、遊びがクラス全体に広がるように働きかける。 ・遊びの中で困難にぶつかったときは、できるだけ子ども同士で解決できるよう見守り、必要に応じて相談に乗るようにする。 ・友達のよさを互いに認め合い、助け合えるよう援助していく。 ・年少・年中児を誘って自分達の遊びを一緒にすることで、かかわりをもち、思いやりや親しみの気持ちが深まるようにする。	・卒園に向けての活動は、子どもが主体性をもって取り組み行動が出来るように配慮する。・園生活の最後を子どもたちと共に楽しくすごし、1人ひとりが自信をもって生活できるようにしていく。 ・保育者がゆとりをもち、1人ひとりの心の触れ合いや、友だち同士のかかわりを大切にする。

・月案例　5歳児（幼稚園）

月	主題	単元	目標		この月の重点指導
7月	夏を楽しく	・プール遊びをする ・七夕まつりに参加する ・朝顔の水やりをする ・終業式に参加する	・七夕の由来を知って喜んで笹飾りを作ったり、みんなで楽しく会食する ・1学期の終わりを知り夏休みに期待を持つ ・夏休みのすごし方を話し合う		・プール遊びでは水を使って友達と一緒にダイナミックに展開していく ・水やりをしながら朝顔の生長を観察する（花の咲くまでの様子を観察する） ・夏休みのすごし方や健康で安全な生活の仕方について考えたり話し合ったりする

	幼児の経験や活動	領域の内容					この月の重点指導
		健康	人間関係	環境	ことば	表現	
	①夏の健康習慣を身につける ・汗や汚れた衣服、持ち物を清潔にすることを知る ②プール遊びに参加する ・準備・整理体操をする ・水の中で表現したり、いろいろな遊びをしたり玉入れ・トンネルくぐり輪くぐりなど ・水の中で顔をつける ・ビート板を使って泳ぐ ③七夕まつりに参加する ・七夕の由来を知る ・笹飾りをする ・会食する ④朝顔の観察をする ・水やりをする ⑤終業式に参加する	①身体や衣服、持ち物を清潔にすることに気付いたら、汗をかいたら、タオルで拭いたり、手洗い・うがいを習慣づける ②プールでの約束事を確認し安全に気をつける ・自分の健康管理に気をつける ・水の中でいろいろな遊びを楽しむ ・合図をよく聞いて行動する ・自分で身の回りのことをして水をしっかり拭いて服を着る ⑤規則正しい生活習慣を忘れないで休みをすごす ・安全に気をつける	①友達同士で乱れた衣服に気付き、直し合う ②滑り台・ボール・ビート板などの共同遊具は順番を守り仲良く使う ③七夕について話を聞き自分の思っていることを伝え合う ・みんなで七夕の劇を観たり、会食をしたりして楽しむ ④自分と友達の朝顔を見比べながら共に成長を喜ぶ ⑤夏休みを楽しみに待つ	①水道を正しく使い、水を大切にする ②ビート板を使って体が浮くことを知り、いろいろな遊びを考え出す ・水の特徴を知り、工夫して遊ぶ（水の量・流れ） ③七夕の由来を知り、伝承的な行事や宇宙・星などに興味・関心を持つ ④つぼみが伸び、花の咲くまでの様子を観察し、成長に気付く ・花が咲くのを楽しみに花やりをする ・毎日水やりをする ・咲いた花の数を数える	①夏の生活習慣についてみんなで話し合う ②プール遊びでの約束やきまりをみんなで話し合う ・水を使っているいろいろな遊びの中で、イメージや言葉を豊かにする ③七夕の由来を聞き、イメージを膨らませる ・七夕について友達と話し合ったり、聞いたりする ・短冊に書く願い事を保育者に伝える ④朝顔の生長の様子を友達と比べ合ったり伝えたりする ⑤夏休みのすごし方について話し合う	②水の中でしかできないような動きを工夫して楽しむ ・いろいろな表現遊びを楽しむ ③材料を工夫して笹飾りを作る ・曲の雰囲気を楽しみながら七夕の歌を歌ったり ④花のいろいろな色や模様に気付き、自分の感じたことを絵を描いたりする 歌 七夕 アイスクリームの歌 南の島のハメハメハ大王 おばけなんてないさ　など	

●10月第○週の週案例　（5歳児）　幼稚園

	月 （○日）	火 （○日）	水 （○日）	木 （○日） 秋の遠足 ○○○○遊園地	金 （○日）
週の目標	秋の遠足に参加する				
週のねらい	秋の自然に触れ・戸外でのびのび遊ぶ				
家庭連絡					
週の反省					

時間	月 （○日）	火 （○日）	水 （○日）	木 （○日）	金 （○日）
9：00	◎登園する ・笑顔で挨拶する ・子どもの様子を観察する ・お便り帳を提出する ・荷物の整理をして着替える	◎登園する ・笑顔で挨拶する ・子どもの様子を観察する ・お便り帳を提出する ・荷物の整理をして着替える	◎登園する ・笑顔で挨拶する ・子どもの様子を観察する ・お便り帳を提出する ・荷物の整理をして着替える	◎秋の遠足に参加する ・幼稚園に集合する ・点呼をとる ・おやつを配る ・最寄りの駅まで各クラスごとに整列をして歩く ・交通安全に気を付けて子どもを誘導する ・電車に乗ったら上手に椅子に座るよう声をかける ・遊園地の駅に到着する ・遊園地に移動する	◎登園する ・笑顔で挨拶する ・子どもの様子を観察する ・お便り帳を提出する ・荷物の整理をして着替える
	・排泄する	・排泄する	・排泄する		・排泄する
10：00	◎入室する ・手洗い、うがいをする ・出席点呼をとる	◎入室する ・手洗い、うがいをする ・出席点呼をとる	◎入室する ・手洗い、うがいをする ・出席点呼をとる	・点呼をとる ・メリーゴーランド・観覧車ワンダートレインに乗る ・子ども達がはぐれないようにきちんと手をつないで歩くよう声をかける ・クラス写真の撮影をする	◎入室する ・手洗い、うがいをする ・出席点呼をとる
10：20	●・戸外に出てジャンケンゲームをする ・ＡＢの2班に別れてＡ班の男児対女児、Ｂ班の男児対女児でゲームを楽しむ ・スタートして出会った所でジャンケンをする。勝ったらそのまま進む、負けたら振り出しに戻る ・相手チームに入ったこどもの人数を数えて勝ち負けを決める	●・戸外でボール運びゲームをする ・ＡＢの2班に別れて各班の男女児でペアを作って、ボール運びをする ・気を付けて落とさないように声をかける ・落としたらその場所から、もう1度頑張るよう励ます ・2回目は背中合わせでボール運びをする ・1回目と同様に声をかけたり励ましたりする ・いろんなボール運びをして楽しく遊ぶ ・次回はどんな運び方をするか考えておくよう声をかける	●・年長児合同で障害物競走をして遊ぶ ・クラス別に整列する ・いろいろな障害物の越え方の手本を見せながら以前障害物を行ったことを思い浮かべさせる ・最後までできるよう障害物を乗り越えて頑張るよう声をかける ・各障害物に保育者がついて危険なことがないよう見守る ・途中で転んでも、負けずに最後まで頑張るよう声をかける ・最後まであきらめないでゴールしたことをみんなで喜ぶ ・次回もいろんな障害物で遊ぶことを約束する		●・絵画・土粘土をする ・子ども達に絵画に土粘土のどちらをしたいか選択させる ・絵画の子どもは自分の好きな画材を選んで、絵の具を選ぶ ・筆をしっかり握って描くよう声をかける ・画材いっぱいの大きな絵を描くよう促す ・絵の具をつけすぎず、しっかりなぞって描けるよう促す ・土粘土の子どもは大きなものを、指先を使って作るように声をかける ・友達とも見せ合いながら沢山作るように促す ・みんなで手分けしてしまう付ける
11：45	◎入室する ・手洗い、うがいをする ・お弁当の用意をする ・お弁当を食べる ・歯磨きをする ・自由遊びをする ・降園準備をする	◎入室する ・手洗い、うがいをする ・給食の用意をする ・給食を食べる	◎入室する ・手洗い、うがいをする	・手洗いをして昼食を食べる ・遊園地の出口に集合する ・点呼をとる ・駅ホームに移動する ・電車に乗って帰る ・駅に到着したら、学年別に整列する ・解散する	・手洗いをする ・給食の用意をする ・給食を食べる

・日案例　（4歳児）

○○○○年　5月　○日（金曜日）　あか5組男20名女20名計40名　保育者　○　○　○　○			
今日の目標	◎ターザンロープでの正しい使い方を知り、安全に楽しく遊ぶ。 ◎衣服を自分で着替えて、服装を整えたり、脱いだものを丁寧にたたんで整理する。 ◎戸外あそびの後の手洗いやうがいなど、確実に行う。 ◎給食では好き嫌いをしないで、嫌いなものでも頑張って食べる。 ◎食後のハミガキを確実に行う。			

時間	予想される幼児の活動	ね　ら　い	指導上の留意点	環境設定
9：00	◎登園する		・顔色などを見て1人ずつ声を掛け健康状態を観る	コップとタオルを準備
		・順番を守って、手洗いやうがいをし、必ず用便を済ませてから入室する	・丁寧に手洗いやうがいをするよう促す	
9：20	◎用便・手洗い・うがいをして入室する ◎朝の挨拶をする ◎点呼をうける ◎歌を歌う 　・おはようの歌他	・正しい姿勢で、挨拶や返事をし、歌を歌うことを身につける	・ふらふらしたり、後ろを向いたりしていないか気を付けて声を掛ける	自分の席に座る （ピアノ）
	◎今日の屋外遊びの話を聞く	・ターザンロープの遊びに興味を持たせる	・ターザンロープの面白さや、きまりについて話し興味を深めるようにする	
10：00	◎着替えをする ◎身の回りの整頓をして屋外に出る	・自分の脱いだものや服装をきちんと整える	・自分でうまくできない幼児には手を貸したり声を掛けて、できるだけ自分1人でできるようにする	（いろ帽子） （体操服）
10：15	●ターザンロープで楽しむ 　・並んで山へ移動してターザンロープの回りに集まる 　・ターザンロープの説明を聞く 　・順番に並んでターザンロープで遊ぶ	・ターザンロープの正しい使い方を知る ・順番を守り、安全に楽しく遊ぶ	・幼児を誘導してターザンロープの回りに座らせる ・安全な使い方を模範を示しながら説明する ・並んで順番を待つことやロープをしっかり握ること等を確実に理解させる ・待っている時に、友達の乗り方を観るよう促す ・こわがる幼児には手を貸すなどして慣れさせる	
11：15	◎集まって整列する		・合図で、駆け足をして順番に早く並ぶよう促す	
	◎用便・手洗い・うがいをして入室する	・屋外から帰った時の習慣を身につける	・順番を守って手洗いやうがいができているか様子を見て声を掛ける	コップとタオルを準備
11：30	◎給食の準備をする		・お箸・コップ等自分のものを机の上に並べる	（コップ） （お箸）
11：45	◎挨拶をして給食を食べる	・好き嫌いをしないで残さず食べる	・嫌いなものがあっても頑張って食べるよう促す	（ナフキン）
12：15	◎給食の後片付けをする	・後片付けを必ず自分でする	・自分の回りに落ちているものを拾うよう声を掛ける	
12：20	◎食事の後のハミガキをする	・順番を待って丁寧に磨く	・丁寧にハミガキができているか様子を見て指導する	（歯ブラシ） （ハミガキ）
12：45	◎身の回りの整頓をして降園の準備をする	・自分のものを整頓し服装を整える	・服装が整っているか確かめ合うよう促す ・忘れ物がないか確かめるよう声を掛ける	
13：00	◎元気良く挨拶をして降園する		・1人1人異常がないか観察をしながら声を掛ける	

・指 導 案 例

日　時	平成 ○年 ○月 ○日 ○○ 9時30分～10時○○分	組	4歳児○○組	男15名 計30名 女15名	場　所	遊戯室	指導者	○○○○

主な活動	●サーキットあそび　みんなでとんだり、くぐったり、転がったりなどして楽しくあそぶ
本時のねらい	●とんだり、渡ったり、くぐったり、とび越えたり、転がったりすることによって、敏捷性などの調整力を身につける。 ●みんなであそぶ楽しさを味わう。 ●友達と楽しくあそびながら、順番を守ることやきまりを守ることを知る。

時刻	環境構成	予想される幼児の活動	指導上の留意点	特に配慮を要する幼児
9:30	遊戯室 [準備物] ・マット7枚 ・とび箱2台 ・長机2台 ・ロープ3本 ・フープ8本 ・平均台2台 ・旗立て6コ	・先生の回りに集まって静かにお話を聞く	・前回行った1つ1つのあそびを思い出させる ・今日行うあそびについて興味を持たせる	S・H 足の力が弱いので補助についたり、できるだけ自分で行えるよう言葉をかける
9:33		A ロープをとび越えたり、くぐりぬけたり B トンネルを這ってくぐりぬける C フープをとび越す ・ABCを連続するあそびを繰り返す	・フープでの動作をできるだけ素早く行うこと。トンネルでは頭や身体がトンネルの壁などにぶつからないようにすること、フープのとび越しは輪の中からは踏みださないように正確にとび越えすなどの言葉をかける	
9:43		D とび箱の上にとび乗ったりよじ登ったり E 平均台を渡ってとび降りる F マット上で前転や横転をする ・DEFを連続するあそびを繰り返す	・2人ずつスタートさせ、とび箱に素早くとび乗ったりよじに登ること、平均台から落ちないように渡ること、マット上に高くとんで降りたり、遠くとび降りる、マット上で自分の思うように前転や横転を素早く行うなどの言葉をかける ・平均台を踏みはずして落ちないように十分留意し上手に渡れない幼児には補助をする	Y・T 少々無鉄砲で乱暴なところがあるので、危険なことをしないように留意し、きまりを守るように促す
9:53		A～Fを連続してあそぶ	・幼児なりにいろいろな事物を想像してあそぶことができるように山・橋・池などを決めさせ自分の前にいる友達に追い越させたりして危険のないように言葉をかけたりして注意する	N・A 少し引っ込み思案のところがあるので補助をしたりしてみんなと同じにとができるようにお配慮して自信を持たせる
9:58		・先生の回りに集まってサーキットあそびの話をする	・楽しかったところや難しいところなどを幼児から聞く	
10:00		・静かに部屋に戻る		

3．運動あそび用具の管理

　幼児のあそび場の管理が不適切であったり、用具そのものの管理が不十分であったりすると、楽しいはずのあそびが停止され、十分満足の得られる活動ができなくなる。危険を避けるために、遊具の使用を禁止しなければならない場合も生じてくる。近年では、事故防止のために自由時間に遊具の使用を禁止している園もあり、幼児の満足感が得られない様子が目に浮かぶようである。園庭の手入れや、施設、遊具の点検を定期的に行ったり、用具の保管を適切に行うことが、幼児の活動意欲を増すことができ、興味・関心を最大限に発揮させることができるのである。したがって、普段から幼児に安全なあそび方を指導することは勿論のことであるが、常に遊具や用具の点検や整備をを怠らないように心がけることが大切である。木製の遊具などは、腐っていないか、ささくれだって衣服や皮膚にひっかからないかどうか、また、折れたり割れたりしないかなどについて点検すること。また、金属製の遊具などでは、腐食して固定が十分できなかったり、その部分から折れてしまう危険がないかどうかなどについて点検すること。園庭についても、小石やその他の危険物が落ちていないかなどの点検をを行い、発見された場合は、それらを取り除くなどの整備が必要である。

　遊具や用具の管理は、指導者が中心となって行うものであるが、幼児たちでも管理できるよう導くことが大切である。例えば、いたずらに乱暴に扱うことによって、楽しくあそばせてくれる遊具や用具がこわれてしまえばあそぶことができなくなるので、遊具や用具を大切に使用することの必要性を幼児なりに気付かせることが重要である。また、幼児たちと共に園庭の小石を拾ったり、遊具や用具の汚れを拭いたり、あそびが終わった時には、用具の数を数えたり、決められた場所に片付けたり、また、遊具の故障などを見つけた場合は、すぐに指導者に知らせるなど、幼児自身の安全に対する態度を養うことになり、望ましい活動となるのである。

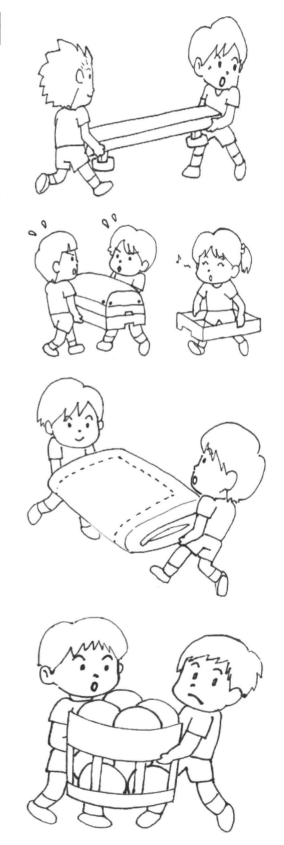

第二部
実践編

第1章　基本的運動あそびと集団の扱い方

　幼児期運動指針では、「幼児期は多様な動きを身につけやすい時期であるため、多様な運動刺激を与え、体内に様々な神経回路を複雑に張り巡らせることが重要である」と提言されている。様々な神経回路が完成することで、自分の体を自分でコントロールすることが可能となる。タイミングを計るといった動きや力の加減、空間認知能力という運動を調整する能力が高まる。この力が育つことで、基本的な動きの獲得がスムーズになる。基本的な動きには、「体のバランスをとる動き」「体を移動する動き」「用具などを操作する動き」がある。基本的な動きを身につけ、その動きをスムーズに行うことができるようになるために、子どもたちが多くの経験を積み重ね、繰り返し行うことが必要となる。

　また、幼児期運動指針では、幼児期における運動の意義を5つ挙げている。
　①体力・運動能力の基礎を培う。
　②丈夫で健康な体になる。
　③意欲的に取り組む心が育まれる。
　④協調性やコミュニケーション能力が育つ。
　⑤認知的能力の発達にも効果がある。
　特に、集団によって育つ力として注目したい点が、④の協調性やコミュニケーション能力が育つという点である。感情をコントロールし、友達と上手にあそべる子どもになるということだ。それは、集団であそぶ経験を通して、ルールを守ることや自己コントロールすること、また友達とコミュニケーションをとりながら協調・協同することを学ぶからである。このような力を獲得しやすい時期だからこそ、運動あそびを通して動きの獲得だけではなく、情緒面の発達を促進させる必要がある。

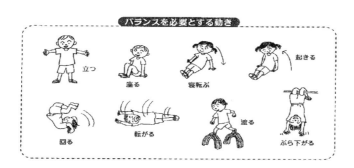

出典：文部科学省「幼児期運動指針」

1．歩く・走る・跳ぶ

<あそびの特性>

　基本的な動きを身につけておかなければ、複雑な活動への移行は難しい。したがって、基本的な動きを確実に獲得しておくことが重要である。

<指導上のポイント>

　最も重要なことは、子どもが主体的に取り組むことができる活動になっているかということである。そのために、保育者はどのような環境を用意する必要があるかを考えることが重要である。

　また、子ども一人ひとりの発達に応じてスモールステップを用意することが重要である。適正な(少しチャレンジすることで達成可能な)課題を設定することで、子どもの活動意欲を掻き立てることができる。

<あそび方>

　ごっこあそび（模倣）の要素を取り入れると活動しやすいと考える。

<進化・発展の方法>

　それぞれの動きに修飾語をつけることで、動きが進化する。
様々な動きの種類があるが、その動きに変化を加えることで動きが洗練されていく。動きに変化を加えるためには、①空間、②時間、③力量といった3つの視点から考えて変化を加えるとよい。これらの視点から変化を加えることで動きが洗練され、多様な動きの獲得が可能となる。

　「体を移動する動き」の中から、「歩く」「走る」「跳ぶ」といった動きについて紹介する。

1）歩く

　歩くことは、人間の基本的な活動である。歩くことで、脚力・集中力・平衡性・調整力などを養うことができる。

（1）まっすぐ歩く

（2）ジグザグに歩く

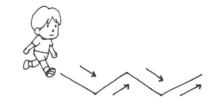

（3）円を描いて歩く

（4）後ろに歩く

（5）相手を見て、捕まらないように走る

（6）スキップで走る

その他のバリエーションも考えられる。

（7）力強く／静かに歩く

（8）ぶつからないように歩く

　これらの要素を組み合わせることで動きのバリエーションは広がる。これらの要素だけではなく、つま先で歩く、かかとで歩く、横向きで歩く、しゃがんで歩くというようなバリエーションも考えられる。

2）走る

　走ることで、走力・瞬発力・敏捷性・脚力・集中力等などを養うことができる。

（1）まっずぐ走る

（2）ジグザグに走る

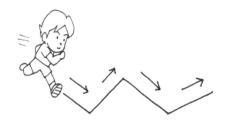

（3）ストップの合図で止まる

（4）後ろ向きで走る

（5）相手を見て、捕まらないように走る

（6）スキップで走る

　その他のバリエーションも考えられる。

3）跳ぶ

　跳ぶことで、脚力・跳躍力・平衡性・持久力・瞬発力などを養うことができる。

　跳躍をしながら、自分自身の身体の動かし方を身につける。

（1）その場で跳ぶ

①両足跳び

②片足跳び

③交互跳び

（2）高く跳ぶ

（3）前後左右に跳ぶ

（4）障害物を跳び越える

（5）連続で跳ぶ・跳び越える

2．リズム運動・フォークダンス・幼児体操

＜あそびの特性＞

　リズムに合わせて活動することで楽しいと感じることができる。

＜指導上のポイント＞

　保育者が模倣しやすいように、大きな動作で分かりやすく指導することが重要である。また、基本的運動と同様、子どもが主体的に活動に取り組めるよう、配慮が必要である。

＜あそび方＞

　それぞれの項目で紹介する。

＜進化・発展のポイント＞

　子どもの表現活動として取り入れ、様々な表現を導入し展開していくことが望ましい。リズムを変化させたり、体系を変化させると難易度が高まり、飽きずに活動に取り組むことができる。

1）リズム運動

　基本的な動きを組み合わせ、リズムを変化させることで、動きを発展させることができる。子どもの自由な表現を引き出すような援助も必要である。

　子どもが楽しんで活動するために、ごっこあそびの要素を加えることでリズム表現をしやすくなる。

2）フォークダンス

　様々な国や地方で伝承されているフォークダンスを楽しむことで、体を動かすことの楽しさを経験することができる。幼児期に導入することで、社会性の芽生えを培ううえで役立つ。

（1）フォークダンスの基本動作

①隊形

シングルサークル（1重円）

ダブルサークル（2重円）

スクウェア・フォーメーション

ロングウェイズ・フォーメーション

②組み方

オープン・ポジション（内側の手を男子が下からとる）

ポーズ・ハンズ・ジョイント（両手を取り合う）

プロムナード・ポジション（男子の腕を体前で組む時、男子の右腕は女子の左腕の下側になるように組む）

③フォークダンスステップ

ステップ：1. 脚の動きの総称。
　　　　　2. 一連の脚の動きのこと。
　　　　　　（例：ワルツ・ステップ）
　　　　　3. 体重移動のこと。

クローズ：支持脚に遊脚を引き寄せて閉じること。引き寄せた足に体重を移す場合と全く体重をかけない場合がある。

ポイント：単一ステップ。遊脚を指定された場所に持っていき、トーやヒールを床などに接触すること。体重はかけない。カウントは床などにつけた時点でとる。タッチともいう。

スタンプ：単一ステップの用語。遊脚で床を強く打つこと。「タン！」という音をたてる。通常は足裏全体で行なう。スタンプの後、通常は体重をかけないが、踊りによっては、スタンプしながらステップする場合もある。カウントは、打った時点でとる。

ヒール・トー：左（右）に体重をかけ、この足で軽くホップしながら左（右）足のかかとと足を交互に床につける。

④フォークダンスの動きの説明

グランドチェーン：多数（通常4カップル以上）がシングル・サークル上に男女交互に並び、男性と女性が向き合う。4/4拍子　4呼間を単位として動く場合

1．向かい合った人と右手をとり、少し前進。

2．すれ違う時に右手を離し、少し前進。

3．次の人（異性）と向い合い、左手をとり、少し前進。

4．すれ違う時に左手を離し、少し前進。
　　これを指定された回数くりかえす。

ドーシードー：2人が向かい合う。互いに前進し、右肩をすれ違って通り過ぎ、背中合わせのまま右に進み、左肩をすれ違って後退して元に戻る。ドー・サー・ドー Do-Sa-Do ともいう。

⑤動きと方向の説明

LOD：ダンスの進行方向線。反時計回りの方向。サークル、またはセットの中心に左肩を向けたときに、顔の向いている方向。

逆LOD：LODの逆方向。時計回りの方向。サークル、またはセットの中心に右肩を向けた時に、顔の向いている方向。

右回り：右向きに回ること。右肩を後ろへ引くようにして回転する。通常、一人で回転する時に用いる用語。

左回り：左向きに回ること。左肩を後ろへ引くように回転する。通常、一人で回転する時に用いる用語。

CW：時計回りのこと。通常、2人以上がいっしょに回転する時に用いる用語。

CCW：踊る方向。逆時計回りのこと。通常、2人以上がいっしょに回転する時に用いる用語。

円内へ：サークルを作った場合、その中心の方向へ。円心ともいう。

円外へ：サークルを作った場合、背の方向。円の中心から遠ざかる方向へ。

3）幼児体操

音楽に合わせて体をしっかり動かすことで様々な部位を動かすことが可能となる。合わせて、ある一定の時間体を動かし続けることから、持久力を養うことができる。基本的に四肢をしっかり屈曲・伸展・回旋させることで活動量を増加させることが大切とされるが、まずは、子どもが楽しく身体活動に取り組むということが重要である。保育者は、動きの獲得だけに注目せず、音楽に合わせて体を動かすことの楽しさを感じることができているかという視点をもって活動を見守ることが求められる。

自分たちで体操を創作する際は、単純な動きから次第に活動量を上げていき、最後は呼吸を整えながら終了できるようなプログラムにする

ことが大切である。また、子どもの発達段階を観察し、無理のない動きを設定することや、リズムの取りやすい選曲を心がけるとよい。何度も繰り返すことで、子どもの動きも徐々に大きくなり、活動量の確保にもつながる。

音楽に合わせて行う体操だけではなく、まねっこあそびとして体操を実施する方法もある。以下に例を挙げる。

（1）○○さん

♪保育者：○○さん
　子ども：何ですか？
　保育者：こんな事こんな事できますか？

3．子どもの発達と集団

発達途上にある幼児期の子どもにとって、集団で活動することの意義はとても大きい。

幼児期は、運動機能の発達や精神機能の発達が著しい時期であり、主体的に様々なことにチャレンジしようという活動意欲も高まる。一人ではできないことが、仲間がいることで一歩踏み出すことが可能になる。また、「一緒に取り組む」ということが子どもの育ちにとって、とても重要な役割を果たす。

子どもにとって保育所や幼稚園、認定こども園といった場所は、初めて家族と離れ、同年代の子どもたちと共に過ごす場所となる。自分と同じように隣の人にも気持ちがあることを知り、自分の思い通りにならないことを経験することで、社会性を育てていく時期でもある。集団であそぶ中で、自分の考えを友達に伝えたり、友達の気持ちを知るといったことを経験することで自己主張や自己抑制の力を身につける。また、目標を達成するために、友達と話し合い、協力して物事を進めていくといった協同作業を経験することで、社会性や情緒の発達を促すことができる。保育者の援助のもと、子どもたち同士の集団の中で活動を行うことで総合的に発達していく。しかし、幼児期は個人差も大きい時期なので、個々に対する配慮は必要不可欠である。

4．さまざまな集合

　幼児期の活動は、あそびを通して展開される。保育者が指示をして「集合させる」という考え方ではなく、子どものあそびの延長線上に集合体系があることが望ましい。

　また、子どもは難しい言葉の理解が困難なため、イメージしやすい単語を使用することや、視覚支援を行うことも重要である。
以下に、あそびながら集合体系につなげられる活動を例に挙げる。

1）保育者の言葉がけによる集合

　保育者が、人差し指を立て「先生の指に集まれ」という声かけや、手を広げて「先生の手の中に集まれ」といった声かけをして、子どもたちを集める。

2）一列に並ぶ

　先頭の子どもの前に立ち、「先生からお顔が見えないように○○ちゃんの後ろに並べるかな？」といった声をかけることで、ゲーム感覚で1列に並ぶことができる。

3）円になって集合

　手つなぎ鬼ごっこや、じゃんけん列車を実施し、1列を作る。その後、先頭と最後尾の子どもが手をつなぐことで、円で集合ができる。

4）環境を工夫することによる集合

　床(地面)に○△□といった図形を描き、その図形を口頭やカード等で示すことで集まることができる。

5）意図する人数に集合

（1）絵カード利用

絵カードを作成し、同じ絵カードを持っている人同士集合する。意図するチーム数・人数でカードを作成することで、あそびながら集合す

（3）様々な音を利用

太鼓や笛等の音を楽しみながら、音の数で集合するゲームを実施することで、意図した人数に分かれて集まることができる。

（2）猛獣狩りにいこうよを利用

猛獣狩りゲームを実施し、集まってほしい数の動物をコールすることで、意図した人数に分かれて集まることができる。

　　♪猛獣狩りに行こうよ！×2

　　　猛獣なんて怖くない×2

　　　だって槍だって持ってるし×2

　鉄砲だって持ってるもん！×2

　　　あっ！×2

　　　あっ！×2

　　　○○○○（動物の名前）

ここには一例を挙げたが、保育者は、子どもたちが楽しく、主体的に活動しながら集合できるような援助の方法を考え、工夫する必要がある。

【参考文献】

柴岡三千夫著『幼児体育』タイケン株式会社、1987 年、11-44 頁

吉田伊津美編著『楽しく遊んで体づくり！幼児の運動あそび「幼児期運動指針」に沿って』株式会社チャイルド本社、2015 年、11-15 頁

文部科学省『幼児期運動指針ガイドブック』文部科学省。2013 年

髙木信良編著『最新版　幼児期の運動あそび - 理論と実践 -』不昧堂出版、2009 年、95-105

出村愼一編著『幼児のからだとこころを育てる運動遊び』杏林書院、2012 年、16-23

前橋明監修『決定版！保育の運動あそび 450』新星出版社、2019 年、2-17

鈴木康弘著『0-5 歳児の毎日できる！楽しい運動あそび大集合』学研プラス、2017 年、12-13

倉真知子・大森宏一編著『子どもが育つ運動遊び』みらい、2016 年、16-17

柴田卓・石森真由子編『楽しく学ぶ運動遊びのすすめ - ポートフォリオを活用した保育実践力の探求 -』みらい、2017 年、94-98

公益財団法人日本体育協会監修　竹中晃二編著『子どものプレイフルネスを育てる　プレイメーカー』株式会社サンライフ企画、2017 年、24-39

桐生良夫編著『幼児の動きづくり』杏林書院、1997 年、158-160

フォークダンス用語集　https://blogs.yahoo.co.jp/juna_0009/39817551.html?type=folderlist

第2章　固定遊具を使った運動あそび

近代化の影響により、子どもを取り巻く環境は大きく変容し、それと同時に子どもの遊びのスタイルや内容も様変わりしてきた。現代社会において、何かを習得する時間は合理的に短い作業になり、そして日常生活で必要となる手続きはスマートフォンやテクノロジーがその役割を果たしてくれる。このような現代人の時空間に関する身体感覚は、3間（さんま）が無くなってきたといわれる子どもたちにも大きく影響しているのである。そのような状況のなかで心配されることは、実体験を伴わない身体経験は、後々その個人の身体感覚に大きく影響し、他者理解やソーシャルスキルにも直結するということである。ここでは、山や川などの自然環境で遊ぶ機会が減少しつつある子どもの現状を踏まえ、昔から人間が夢中で遊び込んだ固定遊具や、新しく作られた遊具を紹介し解説しながら、人間の生きる上で欠かせない、リアリティーな身体感覚を培うために豊かなあそびの経験の重要性を改めて考えていく。

1．すべり台あそび

＜あそびの特性＞

すべり台は、高い場所へのぼるという努力の達成感と、自分がのぼった位置からスピード感をもって一気にすべりおりるスリリング感を経験できたりと、子どもにとって好奇心を育むあそびの一つである。高いところから（上から）低いところ（下へ）への移動は、自然に重力の存在を体感し、姿勢を調整しつつスピードに乗った動きの経験は、前庭感覚（平衡感覚）への刺激となり、バランス感覚や空間認知能力を養う上でも大切な要素となるものである。

＜指導上のポイント＞

日ごろ体験したことないスピード感ではバランスを崩したり、着地が上手くいかなかったりすることも多くあるが、次第にさまざまな姿勢でバランスをとりながらすべることができるようになってくり。また滑走面は、「上から下という方向性だけでなく、「下から上にという、あそびの発展性も発達段階において出てくる。

・経験したことのないスピードで滑りおりる時にはバランスを崩したりするので注意する
・すべるスピードが上がったときには着地する時にとくに安全面に配慮する（マットなどをひいておく等のを工夫する

＜あそび方＞

（1）「ひとりすべり」

① 両足をのばして滑走面にすわる。
② スピードを調整しバランスをとりながらすべりおりる。

＜進化・発展のさせ方＞

上から下への一方向だけでなく、すべり台を上ったり、二人ですべったりと子どもたちの創造力によりあそびのバリエーションが広がっていく。安全面を十分に配慮しながら子どもがすべり台で（に）あそび込めるような構えをもつことが望まれる。

（2）「ふたりすべり」

　①二人で前後にならぶ。
　②二人で息を合わせてすべりおりる。
3）「あおむけすべり」

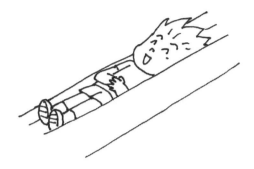

　①滑走面にねっころがる。
　②両足を下にしてすべりおりる。
（4）「うつぶせすべり(頭が下)」

　①滑走面に頭を下にしてねっころがる。
　②すべりおりる(着地の時には十分に注意
　　する)。
（5）「逆登り(さかのぼり)」

　①助走をつける。
　②手すりを持ちながらのぼる。

③慣れてきたら手すりをもたないでのぼる。

2．ぶらんこあそび

＜あそびの特性＞

　ぶらんこあそびでは、空中に宙刷りにされた状態の中で、さまざまな空間の位置感覚を経験することにより平衡感覚を身に着けることができる。ぶらんこに乗った瞬間から自らの身体の重さ(体重)によって振動が開始され、そして自分の意図でリズムを生み出し、振りを大きくしたり、小さくしたりと強弱を楽しみながらあそびを展開していく。また、振り下げや振り上げの段階毎において姿勢を変化させることにより、スピードにも変化が生まれる。

＜指導上のポイント＞

　ぶらんこあそびの初段階では、台に安定してのることが難しく、振動の最中に転落してしまうリスクもある。したがって、特に年齢の低い子どもがブランコであそぶ際には周りの大人の注意が不可欠である。しかし、危険なリスクがある反面、空中での揺れは子どもたちを解放するあそびとして情緒の安定にもつながり、下(地上)から上(空)に向かう感覚は日常では決して味わうことのない運動として重要な意味をもつものである。

・台に安定して乗れるようになるまで補助などでサポートをする。
・人数制限があるので順番を守り、ゆずりあいの気持ちを大切にする。
・ぶらんこに乗っていない子どもが、乗っているブランコや、おりた時のブランコに接触しないように安全面をしっかり確保する。
・揺れが大きくなり、いろんな乗り方に発展してきたら子どもの挑戦を許容することと、怪我などのリスクの安全面の両方のバランスを考える。

＜あそび方＞
（1）「ひとりのり」

① ひざの曲げ伸ばしを使い振りを大きくする。
（2）「ひとりたちのり」

① 立った状態でからだのバランスをとりな
　がらのる。
（3）「しゃがみたちのり」

① 立ったりしゃがんだりしながら振りを大
　きくする。

＜進化・発展のさせ方＞
　すわってのるひとりのりの段階から、さまざ
まな振り方で振りを大きくできるようになって
くる（イラスト参照）。また、ふたりでタイミ
ングを合わせながら同じブランコにいろんなか
たちでのりながらこいでいくあそびへも発展す
る（イラスト参照）。

① 一人すわり、もう一人は同じ方向を向い
　て立ってのる。

① 一人はすわり、もう一人は逆方向を向い
　て立ってのる。

（４）「ふたりのり」

① 二人とも同じ方向を向いて立ってのる。

② 二人とも向き合い立ってのる。

３．鉄棒あそび

＜あそびの特性＞

　鉄棒は、さまざまな握り方で鉄棒を握り、自らの身体（体重）を支えたり、また支え方のバリエーションを広げたりと、からだと鉄棒の関係性の中で、あそびやわざの種類を広げていくことにその魅力がある。鉄棒を握る手や腕が支点となる運動であるため、他の運動とは異なる運動感覚が養われる。平衡感覚、逆さ感覚、回転感覚、腕だけでなく足をかけてぶらさがる感覚等、幼児期の調整力を向上させるうえで鉄棒

あそびは、とても豊かなあそびの経験として重要である。

＜指導上のポイント＞

　鉄棒は、「からだ」と「鉄棒」の「かかわり」において展開されるあそびであり、多くのわざの種類がある。初段階では、いかに「いいかかわり」ができるかという視点で様々なあそびを通じて鉄棒あそびに親しむことが大切である。
・初段階では落下しても大丈夫なようにマットをひいたりするなど安全面に配慮する。
・難しいわざに挑戦する時などには、いつでも補助できる位置にいるように心がける。

＜あそび方＞

（１）「順手」　　　　（２）「逆手」

（３）「片逆手」　　　（４）「交さ順手」

（５）「交さ逆手」　　（６）「交さ片手順手」

（７）「拝み手」

（8）「猿手」

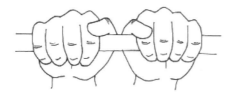

＜進化・発展のさせ方＞

　鉄棒には多くのわざの種類があるが、まずは鉄棒に、いろんな握り方や足などでぶらさがったり、ぶらさがったまま移動しながらあそんだりと、多くのあそびを経験し鉄棒に親しむことが大切である（イラスト参照）。慣れてきたら、個人の能力に応じたわざに挑戦する技術面の指導も大事だが、とくに幼児期の鉄棒あそびでは楽しむ気持ちを土台にすることが重要である。

（9）「コウモリふりおり」

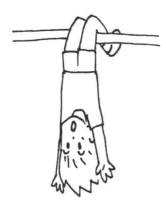

① 両足を鉄棒にかける。
② 両足でぶらさがりからだを振る。
③ かけてある両足をタイミングをはかって鉄棒からはずして着地する（補助が必ずつくこと）。

（10）「ナマケモノ（ブタの丸やき）」

① 両手両足を鉄棒にかける。
② 両手両足を鉄棒にかけたままバランスをとる。

（11）「かたあし踏み切り逆上がり」

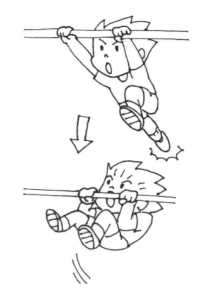

① 助走をつける。
② かたあしで踏み切る（踏み切る位置とタイミングを確認する）。
③ 踏み切ると同時に足を振り上げ、腕でからだを引っ張り鉄棒に近づけてお腹を鉄棒にのせる。

4．ジャングルジムあそび

＜あそびの特性＞

　ジャングルジムでは、自分が動くことによって変化する枠（鉄のバー）の位置の知覚、そして自分の手足の動き、そして次の移動のために「考える（思考）」ことを組み合わせながら全身であそびを展開する特徴がある。下から上に登ったり、横に移動したり、ぶら下がってバランスをとったり、鉄と鉄の間をくぐったりと、子どもは動きのバリエーションを広げながら、同時に想像力も広げていっている。また、ジャングル（密林）という見立てのなかであそびを展開することにより、危険な状況も想定しながら自らの運動をコントロールしていく力も自然と身につき、まさに動的平衡性と静的平衡性の

両方を含んでいるあそびである。

＜指導上のポイント＞

　ジャングルジムあそびでは、地上で培う水平感覚に加え、垂直(感覚)への運動を拡大させる上で有意義な固定遊具である。比較的低年齢から大勢で使用でき、また鉄棒あそびの前段階のあそびとしての効果も高い。集団であそぶ機会も多くあり、衝突や足を踏み外して転落するリスクへの構えをもちながら、ジャングルジムで引き出される子どものさまざまな動き(あそび)の経験を大切にしたい。

・ひとりで前後(水平感覚)、上下(垂直感覚)へと運動を拡大していくなかで危険なエリアや場面についても考えさせながらあそびを展開させる。

・集団あそびに発展した場合には、衝突や足を踏み外してバランスを崩したりすることがあるので、安全面に十分配慮する。

＜あそび方＞

（1）「のぼりおり」

①　両手と両足を使いながら自分の目標のところまでのぼったりおりたりする。

（2）「ぶらさがり」

①　いろんな高さのところで十分に注意しながらぶらさがる。

（3）「つたい歩き」

①　手で枠(鉄のバー)を握りながらバランスをとりながら横に移動する。

（4）「くぐりぬけ」

①　枠と枠の間をくぐりながらのぼったりおりたりする。

<進化・発展のさせ方>
　ジャングルジムでは、まずはひとりでの上下左右への移動を身に着けたら、いろんなゲームが自然に子どもたちから発生してくる。自らの身体を操作することから、他者とのかけひきや共同あそびのなかでの移動の方法を探っていく。鬼ごっこや (イラスト参照) や競争 (一番高い場所への) など、十分に安全性を確保しながら子どもチャレンジをサポートできる姿勢が大切である。また子どもへも危険なエリア (上方、中、下) を理解させながら遊びを展開させていくことも重要である。

（5）「バランスあそび」

　① 自分にあった高さの位置でバランスをとりながらいろんなポーズをする。

（6）「鬼ごっこ」

①高い場所などの危険なエリアを考えながら鬼ごっこをする。

5．雲梯あそび

<あそびの特性>
　雲梯あそびでは、腕の力と、何かを握るうえで不可欠な握力を養うことができる。左右の腕を交互に鉄を自分の体重を「支え」ながら、前方の鉄を「(移動のために) 握る」動作は、能動握力 (自分の意思で何かをつかむ) ことと、受動握力 (外部圧力に耐えながら物を握る) が養われ、より遠くの場所を目指してわたっていく子どもの冒険心と達成感を味わえるものである。また、ぶらさがった状態で身体の振りを利用して前方にすすんだり、状態を維持したりする動きを伴う全身を使ったあそびでもある。

<指導上のポイント>
　雲梯あそびで前方に移動するには、自分の体重を一瞬片腕で支える段階がある特性上、筋力が未発達な乳幼児にとって移動することは難しい。そのような場合はぶらさがった状態から着地や、ぶらさがったままバランスをとるといったあそびから親しむことが大切である。個々の能力に応じた目標地点を決め、自らの力で前進するスキルを獲得する。
・筋力が未発達の乳幼児が雲梯であそぶ場合は落下の危険性を十分に考えて必ず補助をする。
・移動 (わたる) する力がついてくれば目標地点を決めて何度も挑戦するようになるが、落下による怪我には十分に注意する。途中に休憩地点 (安定した高い台) を入れるなど工夫を入れてあそびを展開する。

<あそび方>
（1）「ぶらさがり」

① 両手でぶらさがる
② 好きなタイミングで着地する。

（2）「あしふり」

① 両手でぶらさがる。
②あしを振ってからだを揺らす。
③ 好きなタイミングで着地する。

（3）「雲梯わたり」

① 両手でぶらさがる。
② からだの振りと両手を交互につかい一段
　ずつわたる。
③慣れてきたら一段とばしなどわたるリズム
　をかえてわたる。

<進化・発展のさせ方>

　両手でぶらさがり、いろんな方向に振ってあ
そんでみたり、慣れてきたら片腕でぶらさがり
バランスをとってみたり、移動 (わたる) する
ことでなく身体を振ってあそぶことから親しむ
ことが大切である。そして振ってあそぶことが
できるようになると、移動 (わたる) できるよ
うになってくる。この段階を十分に理解してあ
そびを展開することが大切である。

6．登り棒あそび

<あそびの特性>

　子どもの遊びの中で、より高い場所を目指し
て登る木登りは、到達した達成感と登った場所
から見下ろす風景は子どものこころを満足させ
る有意義なあそびの一つである。登り棒あそび
も、木登りあそびにと同じような特性をもって
いるが、枝が折れるなどの心配がないので、登っ
たりおりたり、横の棒に移ってみたり、2本の
棒にぶらさがりバランスをとってあそんでみた
りと、垂直にたった棒を使ってさまざまな動き
を経験できるあそびである。

<指導上のポイント>

　より高いところへ登るための手足の協応性や
からだの使い方、そして登ったところから安全
におりてくる方法を考えさせながら、それぞれ
の能力に応じた目標 (めじるし) をさだめてあ
そびを展開することが大切である。
・棒の状態をよく確認してあそびを展開する。
・登るおりるあそびを展開するうえで落下の危
険性に備えた補助やサポートをする。

<あそび方>

（1）「のぼりおり」

① 両手と両足をつかいながらのぼり、ゆっ
　くりおりてくる。

（2）「ぶらさがり」

①安全面に注意して両手でぶらさがる。

＜進化・発展のさせ方＞

「のぼる」「おりる」の上下の動きでだけでなく、棒を軸にせんかいする（イラスト参照）、うえした回転する（一度逆さ感覚になる）、棒から棒へ左右に移動するなど、動きのバリエーションを広げていくことも視野に入れてあそびを展開することが大切である。

（3）「回旋まわり」

①登り棒を軸にぐるぐるまわる。

（4）「うえした回転」

①2本の登り棒を両手でそれぞれ握る。
②前方後方に回転する（補助が必ずつくこと）。

7．クライミングウォール

＜あそびの特性＞

　クライミングウォールは、壁に設置されたホールドを手がかりに、登ったり、横に移動したりするために手足と全身をたくみに操作しながら移動していくあそびとして近年注目されている固定遊具である。ホールドの位置に対応するかたちで関節の可動域を広げ柔軟性を養うことができ、からだを支持するバランス能力や、移動するルートを計画し実行する判断力、思考力も身につくあそびである。

＜指導上のポイント＞

　壁伝いにセッティングされたホールドを手がかりに移動するあそびであるため、落下する危険性と、落ちてきた人と接触する危険性があるので十分注意が必要である。子どもの「登っていく」、「おちないで移動する」という挑戦意欲と、目的地までのルートを決め、全身を使って移動するあそびを決して無理をさせずにサポートする姿勢が望まれる。

・高い場所を移動するので、落下の危険性や、落ちた時の接触などに十分注意する。
・子どもの挑戦する積極性を大事にしたいが、無理に目標設定することは控える。

<あそび方>

（1）「のぼり」

　①のぼる前にホールの位置をよくみる。

　②両手両足をつかいながらのぼっていく。

（2）「よこ移動」

　①のぼる前にホールの位置をよくみる。

　②まわりをみながら両手両足をつかいながら
　　横に移動する。

<進化・発展のさせ方>

　他者の登り方を観察したり、自らのルートを考えてあそびを繰り返すなかでルートを発見していく力が身につく。また、自らの手足だけでなく身体全身を用いてバランスをとり、ホールドから手足が離れないように集中して移動する。場合によっては困難な姿勢を保持しながら移動する場面も出てきて、落下する恐怖を克服しながら進んでいくあそびである。

【参考文献】

栗原英昭「器械運動指導の道しるべ - 鉄棒運動「逆上がり」の指導法 -」日本体操競技・器械運動学会、2009年

石井喜八編著『スポーツ動作学入門』市村出版、2006年、142-158頁

石井美晴編著『保育の中の運動あそび』萌文書林、2007年、199～231頁

前橋明編著『幼児体育 専門』大学教育出版、2009年、216-223頁

髙木信良編著『最新版 幼児期の運動あそび －理論と実践－』不昧堂出版、2009年、109～119頁

第3章　大型遊具を使ったあそび

　大型遊具（マット、跳び箱、平均台など）は、子どもが全身をダイナミックに使ってあそぶことができ、様々な動作も発現するような運動ができる遊具である。固定遊具と違い、移動できることから、屋外だけでなく屋内の遊戯室や保育室などの様々な場所・場面で使うことができるという利点が挙げられる。これらの遊具は、回ったりぶら下がったりなど、日常の活動では味わえないような体験ができることも、子どもの豊かなあそびを展開し、様々な動作の経験を保証する上でも重要な遊具である。

　これらの遊具を取扱う際に気をつけなければならないこともある。遊具の特性上、体育科教育として扱うイメージが強く、保育者の指導力が求められる。また、使用する際には「できる・できない」が明確になりやすく、子どもにとっては大きく、硬い遊具もあることから、恐怖心や苦手意識をもちやすい。そのため、これらの固定遊具は、保育の中で扱われることが多いとは言い難い。

　しかしながら、先述したように普段の生活の中では味わえないようなあそびの展開や様々な種類の動作を発現させることができ、成功した時の達成感を味わいやすいことからも、活動内容に気をつければ運動あそびの中で大きな役割をもつ。そこで、固定遊具を保育の中で取扱う際に、注意しておくことを何点か挙げる。

　一つ目は安全である。大勢の子どもが、遊具に一気に押し寄せると、それだけでケガの可能性が高くなる。遊具の数や子どもの人数に応じて、順番にするなどの展開が考えられる。また、遊具の種類によって、高い場所からの落下や捻挫などのケガの可能性もあることから、安全に配慮した活動やその場を整えることが重要である。

　二つ目は、環境構成である。これは、安全にも関わるが、どのような場所で活動するか、どのように配置するか、どれだけの数を準備するかなどが考えられる。屋外で活動するのと、屋内で活動するのでは配慮事項が異なる。用意する数によっては、子どもの待機時間が増えたり、子ども同士のコミュニケーションが変わったりもする。子どもの発達や実態、ねらいや内容に応じて、臨機に対応していかなければならない。

　三つ目は、子どもの発達である。子どもの発達に応じた活動内容になっていなければ、面白く、意欲的な活動にならない。遊具を使用してあそぶ際に、難しかったり、小学校体育科教育の先取りのような内容であったりするなど、子どもの発達に合わない内容はあまりふさわしくない。また、子どもの年齢や個々の経験などによって、できることやできないことがあるため、配慮が必要である。

　そして、四つ目に子どもが大型遊具に親しみをもち、意欲的に関わっていける活動内容に気をつけたい。その遊具本来の使い方だけではなく、どのような使い方をすれば子どもが興味関心をもち、豊富な運動量と動作の種類の確保ができるか、柔軟に活用し、実践する必要がある。そこで、それぞれの大型遊具を使った運動あそびについて、いくつか例を挙げる。

1．マットあそび

〈特性〉

　マットは、「回転」を基礎とした全身運動が行える大型遊具である。「回る」「転がる」「逆立ちする」「押す」「引っ張る」「持ち上げる」などの様々な動作がみられる。また、手をついたり、逆さになったりなどの身体の平衡性や協応性の発達にも関係する。子どもが活動の中で、様々な身のこなしを経験することで、危険に対処する能力を向上することにもつながる。

　マットは、年齢に関係なくあそびに使用することができ、下に敷くことでクッション材としての役目も果たし、下に功技台などを置いておくと山や坂になったりし、乳児のあそびにも使うことができる。

〈指導上のポイント〉

・使用する際は、持ち運びに使うマットのみみを必ずしまう、折りたたむなどし、子どもがつまずいたり、引っかかったりすることのないよう、安全に配慮しなければならない。

・複数枚を平行に並べて使用する際は、それぞれの距離を十分に離し、子ども同士がぶつかることがないよう注意が必要である。

・あそぶときは、子どもが楽しく遊べるよう「できる・できない」はあまり重要視せずに、子どもがマットに親しみをもって関わる姿を認めていきたい。

・大きくダイナミックにあそぶことにより、平衡性、協応性の発達がされていく。

・年齢が大きくなってくると、でんぐり返し（前転）や後転、側転に挑戦しようとする子どもの姿が見られる。個々に応じて「大きく回ってみよう」や「ダンゴムシのように転がってみよう」などの比喩表現を用いながら、怪我のないように配慮して指導することが望ましい。

・基本的な使い方である「回転」運動のあそびを実施することが多いが、それだけではなく、様々な使い方ができる遊具として使用する方法も理解したい。

1）マットでゴロゴロ

〈あそび方〉

・手や足を伸ばして仰向けになり、左右にゴロゴロと転がる。

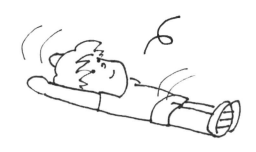

〈進化・発展のさせ方〉

・マットの下にロイター板や功技台を入れ、傾斜を作って転がったり、凸凹を作ってその上を

転がったりする。

・二人で縦に並んで仰向けになり、頭の上で手を繋いだり、片方の足を持ったりして左右にゴロゴロと転がる。

・状況に応じてマットを複数枚繋げて使用する。

2）マットを引っ張ろう！

〈あそび方〉

・マットを引っ張ってあそぶ。

・ボールや積み木を上に乗せても落とさないよう引っ張る。

〈進化・発展のさせ方〉

・チームに分けて、コーンを回ってくるなどの競争もできる。

・子どもを乗せ、保育者が引っ張ることもできる。その際、安全に注意し、あまりスピードは出さないようにする。

3）もぐってかくれんぼ

〈あそび方〉

・仰向けやうつ伏せでマットの下にもぐり込んであそぶ。

う！」など子どもがイメージしやすいような声をかける。

〈進化・発展のさせ方〉

・競争の際の障害物の一つとしても利用できる。

・もぐっている際に他の子どもが上に乗らないよう、注意する。

・もぐっている間は捕まらないなど、鬼あそびのルールにも活用できる。

4）マットロール

〈あそび方〉

・マットを丸めてロール状にし、紐などで縛る。

・馬に見立てて上に乗ってあそぶ。

・何人かで手や足を使って押したり、転がしたりしてあそぶ。

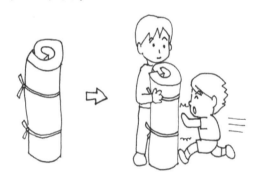

〈進化・発展のさせ方〉

・チームに分けて競争もできる。

・何人かの子どもが乗り、他の子どもが押すこともできる。

・立てかけて、保育者が支え、子どもが押すなどの、押し合いっこもできる。

・上を渡ったり、跳び越えたりしてあそぶ。

5）でんぐり返り（前転）

〈あそび方〉

・マットの上ででんぐり返り（前転）をする。

・「ダンゴムシさんみたいにゴロンとしてみよ

6）マット引き競争

〈あそび方〉

・子どもがマットを引っ張り合ってあそぶ、綱引きのマットバージョン。

・３本の線を引き、両端はそれぞれのチームの陣地とする。中央の線に敷かれているマットを自分たちの陣地の向こう側まで引っ張り合いながら持っていく。

・マットの端を持った状態からスタートし、保育者の「よーい、ドン」の合図でお互いが自分の陣地を目指して引っ張り合う。

・１枚のマットに各チーム２～３人で持つ。

・あそびの様子や時間を見ながら、終了の合図を出す。

・陣地にあるマットの枚数の多い方が勝ち。

・①マットの上に乗らない②マットの耳を引っ張らない③友達を押したりしないなどの、安全に配慮した約束を決める。

・壁に近すぎないなど、周囲の環境に配慮する。

〈進化・発展のさせ方〉

・子どもの実態に応じて、マットの枚数を変化させる、相手陣地のマットを取り返しにいっても良いなど、ルールを変える。

2．跳び箱あそび

〈特性〉

　跳び箱は、「跳ぶ」ことを基礎とした運動を行う遊具である。「跳びつく」「跳び乗る」「登る」「降りる」「くぐる」「運ぶ」「持ち上げる」などが動作として発現する。全身を使った上下運動や平衡性、協応性の発達に関係する活動である。子どもの活動に応じて高さを変化させることができ、島や基地などに見立ててあそぶことにも使うことができる。障害物として扱うこともでき、子どもは登って乗り越えていったり、跳び越したりしてあそぶこともできる。

〈指導上のポイント〉

・高さのある遊具であることから、登った子どもがバランスを崩し落下する危険があるため、周囲に必ずマットなどのクッションとなるものを用意する必要がある。また、跳び越えた先にもマットを敷いておき、着地後の捻挫などのケガの防止にも配慮すべきである。

・年齢によって、開脚跳びなどもできるようになる。個人差があるので、発達や興味に応じてその子なりにできることを増やしていくと良い。

・跳びこむタイミングや手のつく場所など、印をつけるなどしてわかりやすく示す。

・「跳ぶこと」にこだわらずに、その子なりにできたことを認め、自信と親しみをもって意欲的に関わっていけるような言葉かけをする。

1）跳び箱に乗ってみよう！

〈あそび方〉

・跳び箱に乗る、跳び乗る。

・「お馬さんの背中に乗ってみよう！」「電車だよ」など、子どものイメージが広がる声かけをする。

・子どもに応じて高さを変える。

・立っても、座ってもよい。

・跳び下りる際には、着地点にマットを敷いておく。

〈進化・発展のさせ方〉

・跳び箱に何人乗れるか試す。

・「あそこまで跳べるかな？」とフラフープなどの遠くや近くの目標をめがけて跳び下りる。

・跳んでタッチできる高さに保育者が手を出しておいたり、鈴やタンバリンなどを持ったりして、それらにタッチできるように跳ぶ。

・跳び降りている間に何回拍手できるか試してみる。

・着地時にポーズをする。

・1段目をいくつか並べ、渡ってあそぶ。

2）跳び箱をジャンプ！

〈あそび方〉

・跳び箱は横向きに置く。

・走って跳び箱を跳び越える。

・「忍者みたいにかっこよく跳び越えられるかな？」などの子どもがイメージしやすい言葉かけをする。

・跳び越えるのが怖い子は、乗ってからジャンプしたり、手を使ったりしてもよい。

・つまずかないように注意する。

・子どもに応じて高さを変える。

〈進化・発展のさせ方〉
・複数個を少し離して置いて、連続で跳び越える。
・片足や両足、横向きなど跳び方を変える。

3）跳び箱をバラバラにしてあそぼう！
〈あそび方〉
・一つ一つをバラバラにして、ケンパをしてあそぶ。引っかからないよう注意する。
・一つ以上を繋げて立てかけて、トンネルにしてくぐってあそぶ。倒れたり、くぐっている途中でバラバラになったりしないようテープなどで床と跳び箱や跳び箱同士をくっつけておくなどする。
・1段目をひっくり返して乗り、バランスをとる。
・1段目に入ってゆらゆらと揺らし、バランスを取るあそびをする。

〈進化・発展のさせ方〉
・1段目をひっくり返して中に座り、友達に押してもらう。
・並べてコースを作り、「ドンじゃんけん」をする。

4）開脚跳び
〈あそび方〉
・走っていき、跳びこんだあとにしっかりと手をついて、足を広げて跳ぶ。
・「お馬さんの背中に跳び乗ってみよう！」など跳ぶ感覚や手をつく場所などに慣れていけるよう配慮し、段階的に跳べるよう援助する。
・着地点にはマットを敷いておく。

〈進化・発展のさせ方〉
・段数を変えるなど、発達に応じて高さを変える。
・縦向きや横向きに置くなど跳びやすい方の置き方をする。

3．平均台あそび

〈特性〉
　平均台は、「渡る」ことを基礎とした大型遊具である。「渡る」「ぶら下がる」「くぐる」などが動作として発現する。主に平衡性の発達に関連し、身体感覚を養うことができる。長さや高さが様々であり、それに応じて色々と組み合わせた活動が可能である。少々高さがあるため、喜んで上がる子どもや怖がる子どもがいる。個々に応じて関わることが望ましい。

〈指導上のポイント〉
・高さのある遊具であることから、下や周辺にマットを敷いておくなど必要に応じて安全に配慮する。
・怖くて渡れない子どもには、下にいる保育者が手を持って渡るなどすると良い。
・複数組み合わせて途中で高さを変える際は、移動に気をつけておく。
・速く渡ることもあそびの魅力の一つであるが、危険も生じるため、個々のあそびの姿に応じて援助する。

1）平均台に乗ろう！
〈あそび方〉
・乗って座ったり、しゃがんだり、片足になったりしてあそぶ。
・その場で回ったり、足踏みしたりする。
・ポーズをとる

〈進化・発展のさせ方〉
・友達と手を繋いで乗ったり、じゃんけんしたりする

2）平均台を渡ろう！

〈あそび方〉
・歩いて渡る。
・四つん這いで渡る。
・横歩きや、後ろ向きなどで渡る。

〈進化・発展のさせ方〉
・友達と手を繋いで渡る。
・平均台を2台並べて一人で渡ったり、友達と手を繋いで渡ったりする。
・色々な動物になって渡る。
・途中にフープやコーンなどの障害物を置いて、くぐったり、またいだりして渡る。

3）くぐってあそぼう！

〈あそび方〉
・平均台の下をくぐる。
・くぐってまたいでを繰り返してあそぶ。

〈進化・発展のさせ方〉
・いくつかの平均台を連続でくぐる。
・くぐる・またぐを交互にする。
・「ドンじゃんけん」をする。

4）平均台を跳び越えよう！

〈あそび方〉
・ジャンプして跳び越える。
・横向きに跳び越える。
・手を使って、脚を揃えて跳び越える。
・走って跳び越える。

〈進化・発展のさせ方〉
・競争する。
・走って跳び越え、くぐって戻ってくるなどのリレーをする。

5）平均台にぶら下がろう！

〈あそび方〉
・平均台にぶら下がる。
・ぶら下がったまま、移動する。

〈進化・発展のさせ方〉
・ぶら下がったまま、友達とじゃんけんする。
・何秒間ぶら下がれるか、競争する。

4．総合あそび

〈特性〉
　総合あそびは、マット・跳び箱・平均台などを組み合わせたあそびである。総合あそびは、一度の活動で多くの種類の動作が発現しやすく、アスレチックのように遊べるため、様々なあそびを一斉に楽しめる。また、組み合わせ方が自由であるため、保育者のねらいによって内

容や順番を変化させることができ、子ども達が自分で考えることもできる。

〈指導上のポイント〉

・様々な遊具を組み合わせて行うため、様々な動作の発現がなされるよう配慮する必要がある。

・アスレチックの要素があるため、子どもが嬉々として活動できる。子どもの行動や組み合わせ方に注意しなければならない部分もあるため、安全への配慮が必要である。

・必要に応じて順番を守る、空いているところから行くなどの約束を決める。

・年齢によってできることが異なるため、発達や経験に応じた内容にする。

〈あそび方〉

・マット、跳び箱、平均台などの大型遊具を組み合わせてコースを作りあそぶ。

・子どもの年齢や発達に応じて難易度を変化させたり、遊具の種類や量を調整したりする。

・屋内外、季節に関係なくあそぶことができる。

〈進化・発展のさせ方〉

・大型遊具だけではなく、固定遊具やボール、フープ、縄、タイヤなどの遊具を取り入れてあそぶことができる。

・「渡る」「跳び乗る」「乗り越える」「くぐる」などの様々な動作が経験できるよう、色々な遊具を用いて構成する。

・子どもが自分たちで考えて遊具を配置する。

・危険がないか考えながらあそぶ。

・競争やリレーをしてあそぶ。

【参考文献】
日本発育発達学会 編『幼児期運動指針実践ガイド』杏林書院、2014 年
坂口正治、嶋﨑博嗣 編『幼少期の運動遊び指導入門　元気っ子を育てる運動遊び』創文企画、2015 年
杉本功介『幼児の楽しい体育遊び』萌文書林、1979 年
前橋明『決定版！保育の運動遊び 450』新星出版社、2017 年
体力科学センター調整力専門委員会体育カリキュラム作成委員会「幼稚園における体育カリキュラムの作成に関する研究（Ⅰ）カリキュラムの基本的な考え方と予備調査の結果について」『体育科学』8 号、150-155 頁

第4章　小型移動遊具を使った運動あそび

　小型移動遊具は、固定遊具や大型遊具と異なり、幼児にとって手軽に扱いやすいという特徴がある。小型移動遊具の中には、タイヤやブロックマットのように持ち運びが難しい物もあるがボールやロープ、新聞紙など家庭にあり、いつでも手に取ることができる物もある。それぞれの遊具の特性を活かしてあそび自体が簡単にできて楽しく経験できることが重要である。小型移動遊具であそぶことにより「走・投・跳」のすべての要素を網羅し操作性をも身につけることができる。これを使った運動あそびが身体的成長や精神的成長の促進に役立つのはもちろんのこと運動が楽しく継続的に行われることは、保育者と子どもや子ども同士のコミュニケーションおよび信頼関係を深める大きな機会づくりになる。

　ここでは、簡単な一人あそびや複数人でのあそびを紹介していくが、発達の概念にとらわれ過ぎることなくクラスや個々の子どもたちの発達状況に応じて取り入れていくことが重要である。

1．ボールあそび

＜特　性＞

　ボールは、柔らかい、丸いという形状をしているので、弾む、転がるなどの動きの変化が生じるという特性を持っている。またボールは、大・中・小といろいろな大きさのものがあり、材質もゴム・ビニール・紙・スポンジ・皮革製などがあり、硬度も硬いものや柔らかいものもあり、形状も様々なものがある。それらを発育発達段階、あそびの内容、目的に応じて使い分けたり、組み合わせたりすることによって、心豊かに喜びを味わえるあそびへと導いていくことができる。

　ボールあそびを通して、柔軟性や空間把握、手足の協応性、ボールに合わせて動くことによって敏捷性やリズム感などを養うことができ

る。また、ボールを足で蹴ることによって平衡性の能力も養うことができる。

　ゲームあそびでは、仲間と協力することやルールを守るなどの社会性も養うことができる。

＜指導のポイント＞

　幼児の発育に合わせてあそびを変化させていくことが大切である。ボールあそびの目的を以下のように3つに区分することができる。
①ボールを手や足でコントロールすることを目的とする。
②ボールを使って体の動きづくりをすることを目的とする。
③上記二つを組み合わせたあそびをすることを目的とする。
以上のような目的に沿って、系統立てたあそびを工夫し、ゲームあそびへと発展させる。

＜あそび方＞

1）持って、渡してあそぶ

（1）1人あそび
①両手・片手で持って身体のいろいろなところにボールをくっつける。
②足を閉じて立つ、足を開いて立つ、三角座りなどいろいろな姿勢で左右の手でボールを持ち替えて体の周りや足の間を回す。

③いろいろな所にボールを挟んで運ぶ。手と手、手と頭、手とおなか、手とおしり、脇、おんぶ、足と足（ペンギン）。
④いろいろな所にボールを載せて運ぶ。手のひら、両腕の上、おなかの上（クモ）、頭の上。

（2）2人あそび

①おなかとおなかに挟んで運ぶ。（抱き合って⇒発展⇒手を横に挙げて）

②おなかと背中に挟んで運ぶ。（後ろから抱きついて⇒発展⇒手を横に挙げて）

③背中と背中に挟んで運ぶ。（腕を組んで⇒発展⇒手を横に挙げて）

④両手をつないで伸ばし、その上にボールを置いたら片方が座りボールを転がし、今度は入れ替わり相手にボールをシーソーのように転がす。

⑤背中合わせに立ち、ボールを二人で渡し合う。体を後ろにそらして頭の上から、体を前屈してまたの下から、頭とまたの下を交互にする、体を横にひねって。⇒発展⇒グループでもできる。

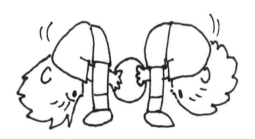

⑥一人が立ちボールを持つ、もう一人はその足元に頭が来るように寝転ぶ。寝転んでいる子どもは足をあげて立っている友だちからボールを足で受け取り、床にボールを付けてから足をあげて立っている友だちにボールを渡す。

⑦二人の頭が内側に来るように一直線に寝転んで、ボールを足に挟んで足を頭の方向へ持ち上げ、友だちに渡す。友達はそのボールを足で受け取る。

（3）グループであそぶ

グループで円になりボールを隣の人に渡していく。指導者が笛などで合図をし、その時にボールを持っていた子どもは「ドカーン」と言って寝転んで起きる。⇒発展⇒寝転んで起きたらグループの周りを走って元に戻る。⇒発展⇒ボールの数を増やす。（爆弾回し）

2）転がしてあそぶ

（1）1人あそび

①開脚立ち、立て膝、長座、開脚座り、三角座り、寝転ぶなどの姿勢を作り、その周りを転がして移動させる。

②ボールに両手、片手を添えながら転がし移動する。

③手や足を使って勢いよく転がし、そのボールを自分で取りに行く。

④頭、肩、おしりなどで転がす。

⑤目標物に当たるように転がす。

（2）2人あそび

①向かい合って立つ、じゃがむ、開脚座りなどの姿勢を作り、両手や片手で転がす。⇒発展⇒お互いの距離を遠くしていく。

②転がってくるボールをいろいろな所でとめる。手、足、おしり、おなか、頭。

（3）グループであそぶ

①一人がボールを持ってみんな方を向いて立つ。みんなは足を開いて一列に立つ。みんなの足の下を通るようにボールを転がす。順番にボールを転がす役目を交代する。

②一人がボールを持ってみんな方を向いて立つ。みんなは足を閉じて一列に立ち、合図と同時に足を開く、その瞬間にボールを持っている子どもは、みんなの足の下を通るようにボールを転がす。順番にボールを転がす役目を交代する。⇒発展⇒　うつ伏せに寝転び、合図で腕立ての姿勢になり、その下を転がす。⇒発展⇒仰向けに寝転び、合図でクモトンネルを作り、その下を転がす。

3）投げたり捕ったりしてあそぶ

（1）1人あそび

①投げあげてワンバウンドしたボールを捕る。

⇒発展⇒　投げあげた時に、手をたたいて、身体を回転させて、しゃがんでワンバウンドしたボールを捕る。

②投げあげたボールを捕る。

⇒発展⇒　投げあげた時に、手をたたいて、身体を回転させて、しゃがんで落ちる前に捕る。

③いろいろな遊具に的をつけて的当てをする。

（2）2人あそび

①キャッチボールをする。投げ方を変化させる。両手、片手。下から、上から、後ろ向き上下。

②相手が投げたボールをいろんなところに当てる。頭、胸、おしりなど。

③寝転んで足に挟んだボールを投げる。相手は立って捕る。

④新聞紙で作った帽子やカラーコーンでボールを捕る。

4）蹴ってあそぶ

（1）1人あそび

①自分で蹴ったボールを追いかける。

②蹴りながら移動する。

③的を作って当てるように蹴る。

（2）2人あそび（2人以上）

①お互いにパスをする。

②パスをしながら移動する。

③グループで円になり、ボールが外に出ないようにパスをする。

5）弾ませてあそぶ

（1）1人あそび

①床に強く弾ませてその下をくぐる。

②その場で連続して弾ませる。

⇒発展⇒　歌を歌いながら、リズムに合わせて弾ませる。

③弾ませながら移動する。歩く、走る。

（2）2人以上あそび

①弾ませて移動し、その後に相手にパスをする。

②二人で手をつないで弾ませる。移動する。

③グループで円になり、リズムに合わせて弾ませる。

⇒発展⇒　合図があれば、ボールはその場で弾ませて人が隣に移動する。その逆も。

6）打ってあそぶ

（1）1人あそび

①新聞紙で棒を作り、床に置いているボールを打つ。ボールの大きさを変化させる。

②ゴールを作り、ホッケーのように打って入れる。

③紙風船を手や足で打って落ちないようにする。

（2）2人あそび

①転がしたり、投げたボールを手や棒で打つ。

②紙風船をお互いに打ち、下に落とさないようにする。

<留意点>

・安全面に注意して、あそびに応じたスペースを確保する。

・内容に応じたボールが使えるように、ボールの種類を揃えておく。

・発達段階に応じたルールを決める。

・子どもはボールが好きで自由にあそびたがるので、何をするのかをはっきりと伝える。

2．ロープあそび

<特　性>

　ロープは、一定の形というものがなく、自由自在に操れるという特性を持っている。またロープには、短いもの・長いもの・細いもの・太いものといったようにいろいろな種類のものがあり、それぞれの特長を活かして持ってあそんだり、回してみたり、形を作ったり、引っ張っ

たりしてあそぶことができる。
　ロープあそびでは、回して跳ぶことにより手足の協応性・巧緻性・瞬発力・リズム感を、引っ張り合うことによって持久力をというように様々な能力を養うことができる。

<指導のポイント>
　床などに置いてあそんだり、手に持ってあそぶことによりロープに親しませ、楽しいものだと思わせる。
　次に、高さを跳び越えたりするあそびや友だちと協力してロープを動かしたり、回したりするあそび、引っ張り合うあそびへと発展させていく。
　それぞれのあそびの内容や目的に合わせて、ロープの種類を使い分けることが必要である。特に、高さを跳び越すあそびの場合、子どもたちはまず恐怖心を抱くので、ゴムひもなどを利用するなどして段階的に指導する。

<あそび方>

1）持ってあそぶ
①ロープを結んだり、ほどいたりする。
②1本のロープでたくさんの結び目を作る。
③ロープを両手で持って体操をする。
④ロープを輪にして電車ごっこをする。

2）置いてあそぶ
①床に置いたロープの上を歩く、カニさん歩き、後ろ歩き、走る。（ロープを様々に変化させる）
②床に置いたロープを踏まないようにジグザグにジャンプする。（1本⇒2本）
⇒発展⇒　2本使い、グーパー跳びやケンパ跳びをさせる。

③床に置いた2本のロープを川に見立てて落ちないようにジャンプする。（幅を変化させる）

④ロープをたくさん並べて（いろいろな間隔が出来るように）とばさないようにすべての間を走る、跳ぶ。

3）回してあそぶ
①ロープを持って、いろいろな場所で回す。頭上、身体の横、身体の前。
②誰かが回しているロープを跳ぶ。

③自分で回しているロープを跳ぶ。

4）跳んだり、くぐったりしあそぶ
①いろいろな高さのゴムひもやロープを跳び越す。
②動いているロープを跳び越す。（へび、小波）
③動いているロープをその場で跳ぶ。
⇒発展⇒　歌に合わせて跳ぶ。（大波小波、郵便屋さん）
④回っているロープをくぐり抜ける、跳ぶ。
⑤2本の短いロープを使って、片手に1本ずつ持ち空跳びをする。

5）ぶらさがったロープであそぶ
①ロープにぶらさがる。
②ロープにぶらさがってブランコのように揺らす。

または揺らしてもらい飛び降りる。

③ロープをつたって登る。（真上に、斜面を）

＜留意点＞

・安全面に注意して、あそびに応じたスペースを確保する。

・内容に応じたロープが使えるように、ロープの種類を揃えておく。

・首などに巻き付けたりしないように注意する。

・外で行う場合は、小石などを取り除き、水を撒いて砂ぼこりが立たないように配慮する。

・楽しいからといって跳ばせすぎないようにする。

3．フープあそび

＜特　性＞

　フープは、ボールやロープに似た特性を持つ遊具である。フープ自体は、円形をした輪であることから、回す・転がす・くぐるといったことが主な特性である。また、いろいろな大きさや素材があり、あそびの内容によって変化させることができる。色もたくさんあり、グループ分けや色指定、フープ取りなどをすることもできる。このあそびでは、主に瞬発力、敏捷性、柔軟性、巧緻性などを養うことができる。

＜指導のポイント＞

　子どもたちにフープがどのようなものなのかを理解させるためにフープを置いたり、手に持たせて慣れさせる。次に、フープを自分の思い通りにコントロールすることと、それに合わせて身体を動かすことを体得させる。また、ケンパなどのように自由に置くことができるあそびは、子どもの創造性を最大限に活かすことができる。

＜あそび方＞

1）持ってあそぶ

①バスあそび。グループで一列になり先頭がフープのハンドルを持ち運転手になる。笛の合図で運転手を交代する。

⇒発展⇒　笛1回で運転手はトンネルを作り、乗客はそれをくぐる。

笛2回で運転手はフープを下に置き水たまりを作り、乗客は水たまりでジャンプする。

②ケーブルカーあそび。ジャングルジムにロープをくくり、フープを通す。フープをケーブルカーに見立てて持って移動する。

③フープ運びあそび。2人でフープに入って移動する。電車・横に並んで・向かい合って・背中合わせで（フープを持って⇒発展⇒　フープから手を離して、お互いに引っ張り合いながら）

2）くぐってあそぶ

①フープ落とし（頭上からフープを床に落とし、外に出てフープを持ち繰り返す。
慣れてきたら回数を決めて競争する）

②フープ上げ（フープの中に入り、持ち上げてくぐり一度床に落として再びフープに入り、繰り返す。慣れてきたら回数を決めて競争する）

③2人組で一人がフープを2本違う形で持ち、それをもう一人がくぐる。

④2人以上で手をつないで、手を使わないでフープを次の人に送っていく。

3）まわしてあそぶ

①フープをコマのようにまわす。

②腕や足など身体の一部を使ってフープをまわす。

③棒などを使ってフープをまわす。

4）とんであそぶ

①島渡り。フープを2本使って次々に島を作って渡っていく。

②フープ跳び。縄跳びと同様にフープを回して跳ぶ。

③床にたくさん並べて、グーパー跳びやケンパ跳びをする。初めは直線に並べるが、子どもたちの自由発想で変化させる。

5）転がしてあそぶ

①自分で転がしたフープを追いかける。徐々に強く転がし、倒れるまでに追いついてとる。
⇒発展⇒　二人組で一人が転がした瞬間にもう一人が追いかけてとる。
②フープが倒れないように連続して転がす。
③転がしくぐり。二人組で少し離れて立ち、一人がフープを転がす。もう一人は転がってきたフープに身体を入れる。
⇒発展⇒　二人が同じ位置に立ち一人が転がしたフープに追いついてフープに身体を入れる。

6）投げてあそぶ

①上に投げて、落ちてくるフープをとる。（手、腕、足などで
②二人組で人間輪投げをする。（柔らかいフープで）受け手は手のひらを合わせて顔をカバーするように三角帽子を作り、構える。投げ手は三角帽子に入るように投げる。
⇒発展⇒　投げ手は少し意地悪をして前後左右にずらして投げる。受け手はフープの中に入れるように移動する。

③コーン輪投げ。コーンなど目標物を置き、そこに入るようにフープを投げる。

＜留意点＞

・安全面に注意して、あそびに応じたスペースを確保する。
・内容に応じたフープが使えるように、フープの種類を揃えておく。
・フープに破損がないか点検する。

4．棒あそび

＜特　性＞

　棒は、堅くて折れにくい特性を持っているので、その特性を活かしたあそびが考えられる。棒を床に置いたり、持ったりして、跳び越えたりくぐったりしてあそぶことができる。棒置台の上に置いたり、立てたり、ぶらさがってあそぶこともできる。
このようなあそびから、柔軟性、敏捷性、巧緻性、平衡性などの調整力や持久力、注意力なども養うことができる。

＜指導のポイント＞

　持ってあそぶことによって棒の性質を理解させ、いろいろな置き方をしてあそぶことによって身のこなしを経験させる。あそびの内容によって棒の長さ、太さ、堅さを使い分ける。発達段階に応じて、1人あそびからグループあそびへと変化させる。

1）持ってあそぶ

①いろいろな乗り物の模倣あそびをする。（電車、魔法使いのほうき、はしご車など）
②人力車。一人が端を持ち座る。もう一人は反対の端を持って引っ張り移動する。
③二人で引っ張り合いをする。

2）立ててあそぶ

①床の上に棒を立てて、手を離し、倒れるまでに手を数回たたいてとる。
⇒発展⇒　倒れるまでに身体を一回転させてとる。
②二人で向かい合い、それぞれの棒を立てて、

息を合わせて場所を入れ替わり棒が倒れるまでにとる。（人数を増やす）
③手のひらの上にバランスよく新聞棒を立てる。

3）置いてあそぶ
①角棒の上を歩く。
②角棒を2本並べて置き、二人で前向きで手をつないで歩いたり、向かい合って手をつないでカニさんで歩く。
③棒の左右を連続して跳び越す。
④いろいろな間隔に並べて置いた棒を跳び越す。
⑤棒を利用してケンパをする。

4）かついであそぶ
①2本の棒の間に友だちを乗せて運ぶ。

②棒を肩に担いで友だちをぶらさげて運ぶ。
＜留意点＞
・安全面に注意して、あそびに応じたスペースを確保する。
・内容に応じた棒が使えるように、棒の種類を揃えておく。
・棒に破損がないか点検する。特にささくれに注意する。
・むやみに投げたり、振り回したりしないなど

の約束を守らせる。

5．タイヤあそび

＜特　性＞
　タイヤは輪であるので、転がるという特性を持っているとともに、材質がゴムでできているので弾力性があり、衝撃を和らげるなどの特性を持っている。このような特性を活かして、転がす、跳ぶ、くぐる、引く、押すなどのあそびができる。また、いろいろな種類のタイヤを使うことによって、子どものバランス能力や創造性を養うこともできる。
　これらのあそびから、主に瞬発力、柔軟性、巧緻性、平衡性などの調整力や持久性の能力を養うことができる。
＜指導のポイント＞
　発達段階やあそびの内容に応じて、使うタイヤの大きさや重さなどを変える。
また、いろいろな種類のタイヤを使うことによって、動きの変化を楽しませる。

＜あそび方＞
1）乗ったり、跳んだり、渡ったりしてあそぶ
①置かれた1本のタイヤの上をジャンプする。
②置かれた1本のタイヤの上に二人が乗りバランス崩しをする。

③置かれたタイヤを跳び越す。
④置かれた1本のタイヤの輪の中とタイヤの上を交互に跳ぶ。
⑤タイヤを並べてケンパのように輪の中と上を跳ぶ。

⑦タイヤを並べてタイヤの上を渡っていく。

２）くぐってあそぶ
①誰かに支えてもらっているタイヤをくぐる。
②自然に立っているタイヤをくぐる。
③小さいタイヤを使って上から下（下から上）へくぐる。

３）転がしてあそぶ
①タイヤが倒れないように転がす。
②タイヤの中にボールを置いて、落とさないように転がす。
③カラーコーンなどを並べてジグザグに転がす。
④転がっているタイヤを捕まえる。

４）引いたり、押したりしてあそぶ
①タイヤにロープをくくり付けて、引っ張る。
⇒発展⇒　タイヤの上に友だちを乗せて引っ張る。
⇒発展⇒　タイヤの上にボールを乗せて落とさないように引っ張る。
②雑巾がけのようにタイヤを押す。
＜留意点＞
・安全面に注意して、あそびに応じたスペースを確保する。
・内容に応じたタイヤが使えるように、タイヤの種類を揃えておく。
・水がついていると滑って危険なので注意する。
・タイヤには水がたまらないように、穴を数ヶ所開けておく。

６．新聞紙、段ボールあそび

＜特　性＞
　新聞紙は、日常生活の中でいつでも手にすることができるし目にふれている。この新聞紙は他にない素材性に富んだ特性を持ち合わせている。例えば、丸める（筒状に、ボール状に）、折る、ちぎる、切る、破るなどの特性を持つことから、いろいろ工夫して楽しむことができる。
　段ボールは、新聞紙に比べて破れにくく、箱やトンネルとして使うことができる。
これらのことから、主に柔軟性、瞬発力、表現力を養うことができる。
＜指導のポイント＞
　新聞紙（段ボール）特有のあそびから入り、その合間に他の移動遊具と同じような内容（新聞の特性を活かした）も取り入れていく。

＜あそび方＞
１）音を出してあそぶ
①広げて手に持って振り回して音を出す。
②手に持って手を上にあげて走って音を出す。
③広げた新聞紙を丸めて音を出す。
④びりびり破って音を出す。

２）走ったり、跳んだりしてあそぶ
①広げた新聞紙を身体につけて落ちないように歩いたり走ったりする。
②様々な大きさにちぎった新聞紙を床に置き、その上を走ったり跳んだりして渡る。
③丸めた新聞紙をたくさん床に置き、その新聞紙を踏まないように走ったり跳んだりする。
④段ボールの中に入って持ち上げて走る。
⑤大きな段ボールの中に数人で入り、電車ごっこをする。

７．ブロックマットあそび

＜特　性＞

木でできた積み木を使っている園もたくさんあるが、最近では安全面や手軽さという面でブロックマットが使われるようになってきている。このブロックマットの特性は、軽くていろいろな形のものがあることで、組み合わすことの楽しさや、創造性を高めることができる。

ブロックマットに乗ったり、跳び越えたりすることによって、瞬発力、平衡性、巧緻性などの能力を養うことができる。

＜指導のポイント＞

ブロックマットを組み立てていろいろなものを作って楽しむことから始まり、それを使ってあそんだり、サーキットのようにあそんだりと多面的な展開を引き出す。

３）破ったりしてあそぶ

①新聞紙を小さくちぎり、花吹雪のように上に投げ上げる。

②小さくちぎった新聞紙をビニール袋に入れ、空気を入れて風船のようにしてあそぶ。

４）特性を活かしてあそぶ

①指導者が新聞紙を丸めたり、のばしたり、ちぎったり、折り曲げたりするのを見て、子どもたち自身の身体でそれを表現させる。

②新聞紙を適当な大きさにちぎって、上から落とされた新聞紙を床に落ちるまでにとる。

５）くぐって（中に入って）あそぶ

①段ボールでトンネルを作り、その中をくぐる。

⇒発展⇒　段ボールをたくさんくっつけて迷路のようにトンネルを作りくぐる。

②段ボールの中に入り四つん這いになりキャタピラーのように進む。

＜あそび方＞

１）積んで、組み立ててあそぶ

①子ども気の向くままに組み立てたり積み上げる。

②友だちと協力して様々な形を作る。

２）乗ってあそぶ

①様々な形をしたブロックマットの上でいろいろなポーズを作りバランスをとる。

②様々な形のブロックマットの上に何人乗れるか挑戦する。

③ブロックマットを組み合わせずに適当に床に置き、その上を渡っていく。

＜留意点＞

・新聞紙などで手を切らないように注意する。

・新聞紙や段ボールはたくさん用意しておき、いつでも取り替えられるようにしておく。

3）走ったり、跳んであそぶ

①様々な形のブロックマットを跳び越す。

②ブロックマットの上に跳んで乗り、跳んでおりる。

③サーキットあそびのように組み立てて走ったり、跳んだり、登ったりする。

<留意点>

・安全面に注意して、あそびに応じたスペースを確保する。

・内容に応じたブロックマットが使えるように、ブロックマットの種類を揃えておく。

・中身がウレタンなので変形していないか点検をする。

第5章　集団あそび

情報機器の発達、少子高齢化、核家族化、女性の社会進出など社会の変化は、同時に子どもを取り巻く生活環境とあそびを大きく変化させてきている。地域で友だちとかかわりながらあそんだり、戸外で体を動かしたり、自然体験をしたりするなど、これまで当たり前のように行われてきた子どものさまざまな活動機会が減り「子どもの育ちの危うさ」が指摘されて久しい。

近年では、園を一歩出てしまえば子どもたちは、四間（時間、空間、仲間、手間）の減少によって、身体を動かしてあそぶ機会はさらに減少している。

子どもにとってあそびは、生活のすべてと言っても過言ではない。なぜなら、子どもはあそびを通して、身体的発達、精神的発達、知的発達、社会性の発達の4つの側面を促進することができるからだ。

なかでも、集団あそびは子ども自身が自分の能力を考え、選択し、参加するあそびである。子ども同士が、複数人であそぶという行為を通して、思考、気づき、工夫、話し合い、伝え合い、助け合い、役割を決める、など多くの力が育まれていく。

本章では、健康的な身体の育成および認知的能力発達の側面から、代表的な集団あそびを紹介する。

各節における「あそびの特性」は、基礎的運動パターンをもとに、走力、投擲力、巧緻（協応）性、判断力・思考力、社会性の5項目を評価する。

なお、巧緻（協応）性とは、すばやく動くことができる、判断力・思考力とは、その場の状況判断や創意工夫ができること、社会性とは、規律やルールを守ろうとする態度のことを示す。

1．鬼あそび

鬼あそびは、大きく分けて3つのパターンがある。

一人の鬼がタッチされることによって次々と鬼が交代していく「交代型」、鬼（追いかける）側と逃げる側（逃げ手）が変わらない「ケイドロ（ドロケイ）型」、はじめ一人だった鬼が逃げ手にタッチしていくことで次々に鬼が増えていく「増殖型」がある。

あそぶ範囲には制限の有無や逃げる場所、陣地が予め決められているものなど、あそぶ対象や場所によって無数のあそび方が存在する。

鬼あそびの基本は、追いかける側と逃げる側に分かれ、子どもがそれぞれの役割を比較的簡単に認識できることから子どもが低年齢の段階からあそぶことができる。

また、子どもの発達段階や人数、あそぶ場所に応じて楽しみ方やあそび方が変わってくることも鬼あそびの魅力の一つである。

1）島鬼【交代型】
＜特　性＞

走力○、巧緻（協応）性◎、判断力・思考力◎、社会性○

＜あそび方＞

鬼を一人決め、地面にいろいろな形（島）を描く。島から少し離れた場所からスタートする。逃げ手は島の中に入ることができれば鬼にタッチされることはない。鬼は島の中に入ることはできないが、線の外から手を伸ばして逃げ手をタッチすることはできる。動きが停滞した場合鬼は「10秒ルール」を適用し、逃げ手を島から10秒間出すことができる。

鬼が逃げ手にタッチすることができれば鬼は交代することができる。

<指導上のポイント>

　鬼がなかなか交代しない場合は、様子をみて時間制で交代したり、島の大きさを小さくしたり、一つの島に入れる人数を制限するなどしてもよい。

<進化・発展のさせ方>

　島の形や大きさ、数などを工夫することであそびのバリエーションを増やすことができる。

2）グルグル鬼【交代型】

<特　性>

　走力◎、巧緻（協応）性○、判断力・思考力◎、社会性○

<あそび方>

　鬼と逃げ手をそれぞれ一人ずつ決める。それ以外の子どもは輪になって座る。逃げ手は、輪の外側を反時計回りに回って逃げる。

　鬼は、輪の外側を逃げる子どもを追いかけてタッチするが、座っている子どもにはタッチできない。

　逃げ手は、鬼から逃げながら座っているほかの子どもの背中にタッチする。タッチされた子どもは逃げ手と同じ方向へ走り、逃げ手を追いかけなければならない。逃げ手は、背中をタッチした子どもがいた場所に座ることができれば逃げ手が代わる。

　鬼は、逃げ手または逃げ手にタッチされた子どものどちらかにタッチできれば交代となる。

<指導上のポイント>

　イメージとしては、ハンカチおとしと全く同じである。まずは、簡易ゲームとして、ハンカチおとしをしておくとスムーズにゲームができ

る。また、同じ子どもに役割が集中しないように配慮しなければならない。

<進化・発展のさせ方>

　子どもの実態に合わせて、走らないパターンや鬼の位置を見て、指導者が逆回りの指示を出すことで、知的な側面を刺激してもよい。

3）陣地取り【ケイドロ（ドロケイ）型】

<特　性>

　走力◎、巧緻（協応）性◎、判断力・思考力◎、社会性◎

<あそび方>

　２チームに分かれる。チームの中で、相手の陣地をめざしていく「攻撃」と陣地を守る「守備」に分かれる。

　それぞれのチームは陣地となる、木や電柱、柱、遊具など固定されているものを決める。なお、固定する物がなければカラーコーンやはたなどで代用してもよい。

　相手にタッチされずに相手陣地にタッチすることができれば勝ちとなる。

　陣地に触れていない相手をタッチすることができれば、自分の陣地に連れていき、一人ずつ手をつなぎヒューマンチェーンをつくり、味方の助けがくるのを待つ。ヒューマンチェーンの先頭に味方がタッチできれば、解放される。

<指導上のポイント>

　この遊びは「鬼あそび」と「かくれんぼ」の要素があり、勝敗が決するまで比較的時間がかかる。あそぶ範囲が広い方がおもしろいが、子ども同士のトラブル回避や安全確保のために必ず指導者の目が届く範囲を設定するべきである。

<進化・発展のさせ方>

　勝敗の決し方は、旗を立てさせその旗を取らせたり、ボールを置いてキックさせたりすることもできる。

4）手つなぎ鬼【増殖型】

<特　性>

　走力○、巧緻（協応）性◎、判断力・思考力◎、社会性○

<あそび方>

　鬼を一人決め、逃げ手は予め決められた範囲内を逃げる。逃げ手は、鬼にタッチされると鬼になる。鬼にタッチされると鬼と手をつなぎ逃げ手を追いかける。全員タッチされると終了となる。

<指導上のポイント>

　鬼はどんどん横に広がっていくので、逃げ手は逃げる範囲が狭まるが、逆に鬼は動きが鈍化していく。

<進化・発展のさせ方>

　逃げる範囲を細長くしたり、円にしたりすると追いかける側も逃げ手もそれぞれが工夫を凝らするようになる。

2．ボールあそび（ボールゲーム）

　子どもにとってボールあそび（ゲーム）は多様な能力を培うことができる万能なあそび（ゲーム）の一つである。

　幼児期には少なくとも、歩く、走る、引く、ずらす、振る、支える、弾むといった運動の基礎となるスキル（ファンダメンタルスキル）が大まかにできるようにしておきたい。これを土台として、ボールあそびでは、捕る、止める、手を使ったドリブル、足やスティックを使ったドリブル、投げる、蹴る、打つといった運動系基礎スキルを習得するとともに相手の動きを見た対応や隙間の認識といった力を育成することができる。

　また、ボールの形態や大きさによって、ルールなどを変えていくことであそびのバリエーションを増やすことができる。

1）バウンドゲーム

<特　性>

　走力△、投擲力○、巧緻（協応）性○、判断力・思考力◎、社会性○

<あそび方>

　ジャンケンで親を一人決める。親を中心に円をつくり、親がボールを真上に投げる。

　そのときに親は、1から3までの数を言い、その数だけボールが地面に弾んだら親が決めた子どもがボールを捕る。それ以外の子どもは逃げる。

　ボールを捕ったら「ストップ」と叫び、逃げた子どもはその場で止まる。ボールを持った子どもはバウンドの数の歩数だけ逃げた子どもの方に移動することが出来る。捕ったボールを誰かに当て、当てられた子どもは「1アウト」となる。誰かが「3アウト」になるまで続ける。

<指導上のポイント>

　ボールを投げて当てるため、あまり大きくなく、やわらかいボールが好ましい。

2）中当て

<特　性>

　走力△、投擲力◎、巧緻（協応）性◎、判断力・思考力◎、社会性◎

<あそび方>

　四角や円、楕円などコートを自由に描く。内野と外野を決め、外野は内野を当てる。最後まで残った内野の一人が勝ちとなる。

　内野はボールをキャッチすることができ、キャッチしたボールはどこかに適当に投げてよい。

<指導上のポイント>

　ドッジボールの基礎となるあそびであり、内野は、逃げる、かわす、捕る、外野は当てる（投げる）ことに特化したあそびとなる。

<進化・発展のさせ方>

　内野と外野の人数を決めておき、外野に当てられた内野の子どもと内外野を交代していき、

最後外野にいる子どもが負けとすることもできる。

3）ドッジボール
<特　性>
走力△、投擲力◎、巧緻（協応）性◎、判断力・思考力◎、社会性◎
<あそび方>
2チームに分かれ、内野と外野に分かれる。

相手チームが投げたボールが、頭部以外に当たり地面に着いた場合はアウトとなり、外野に移動する。相手チームが投げたボールと直接キャッチするかボールが当たっても地面に着く前に味方がキャッチした場合はセーフとなる。

初めに外野にいた場合は、相手チームの内野を当てることができれば内野に戻ることができる。また、それ外野は相手チームの内野をアウトにすることができれば内野に戻ることができる。

全員がアウトになる、または、時間を決めて行い、最後に内野の人数が多いチームが勝ちとなる。
<指導上のポイント>
人数が揃わない場合は、内野の人数をそろえて始めるとよい。使用するボールはソフトバレーボールやライトドッジボールなどやわらかい素材のものにすることで、ボールに対する恐怖心を取り除くなどの配慮をする。

4）王様ドッジボール
<特　性>
走力△、投擲力◎、巧緻（協応）性◎、判断力・思考力◎、社会性◎
<あそび方>
基本的なルールはドッジボールと同じである。

各チームで王様を決め、その王様がアウトになれば即終了となる。

王様を宣言するパターンと秘密にしておくパターンがある。

5）引っ越しドッジボール
<特　性>
走力△、投擲力◎、巧緻（協応）性◎、判断力・思考力○、社会性◎
<あそび方>
基本的なルールはドッジボールと同じである。

ドッジボールと異なる点は、外野を設けないところである。

両チームともに内野だけとし、アウトになった場合は、相手チームに移動する。

全員がアウトになる、または、時間を決めて行い、最後に人数が多いチームが勝ちとなる。

3．リレーあそび

リレーあそびは、必ずしも「走る」ことを主目的とするものではない。一人ではできないドキドキ感や、仲間と協力してがんばろうとする気持ちを高めることができる。苦手な活動であったとしてもチームのメンバーでそれを補い合うことで勝敗を左右することもある。

リレーあそびには、速さで勝敗を決める「ゴール型」、勝敗を敢えて決めず、指導者が子どものようすをみて終了を決める「エンドレス型」がある。

道具を使用したり、単純に体だけを使用したりするなど工夫次第でバリエーションを増やすことができる。

また、コースを交代で周回する「周回コース」と直線を片道ずつまたは往復する「直線コース」がある。

園庭など屋外では「周回コース」を、遊戯室など屋内では「直線コース」を用いるとよい。

1）フラフープ送り
<特　性>
走力△、巧緻（協応）性◎、判断力・思考力◎、社会性○
<あそび方>
一列または、円になり手をつなぐ。手を離さないように先頭からフラフープをくぐりながら

最後の子どもに送っていく。

　最後の子どもまで先にフラフープを送ったチームが勝ちとなる。

　フラフープがない場合は、ヒモやタスキなどで代用してもよい。

2）ジャンケンリレー

＜特　性＞

　走力△、巧緻（協応）性○、判断力・思考力◎、社会性○

＜あそび方＞

　2チームに分かれ、それぞれの陣地をつくり、向かいあうように並ぶ。

　陣地の間には、フラフープや平均台など道のように並べておき、スタートの合図で相手の陣地を目指して走ったり、両足ジャンプをしたりしていく。相手と出合ったところでジャンケンをし、勝ったら進み、負けたらコースから外れ後方にまわり、次の子どもと交代する。

　先に相手の陣地に入ることができれば勝ちとなる。

3）タッチリレー

＜特　性＞

　走力◎、巧緻（協応）性△、判断力・思考力◎、社会性○

＜あそび方＞

　2チームに分かれ、周回コースの反対側からそれぞれスタートする。

　走る距離は半周または1周、片道や往復など子どもの実態に即して指導者が決める。バトンを使わず、次走者の手や背中にタッチしながらリレーしていく。

　走っていくなかで、相手チームに追いつき、背中にタッチすれば勝ちとなる。先にゴールすれば勝ちとはならないので、エンドレス型のリレーのため、決められた人数や回数で終わらなければ引き分けとなる。

＜指導上のポイント＞

　バトンを持たず一人ずつ走ることになるので、バトンを落としたり、接触したりすることがないので走ることに集中できる。

　一人あたりの走る距離を短くすると差が縮まりにくくなるので、距離や走順を工夫するなど作戦を立てることで楽しさをより感じることができる。

【参考文献】
1　矢野正・吉井英博編著『小学校体育科指導法』三恵社、2016年、116頁〜125頁
2　吉井英博・矢野正編著『アクティブラーニングのための体育科教育法―理論と実践―』三恵社、2018年、127頁〜136頁

第6章　運動能力を引き伸ばす体感あそび

体を動かす上で重要なことは、脳からの伝達により行動する動きはもちろん大切であるが、体で感じ、体で受けるという「体感」を体で感じることが子どもの成長段階として、また、子どもの発育発達として非常に重要な一つである。

「体で風を感じ」、「体で感覚を感じ」、「体で気温を感じ」など自らの体で感覚を感じ取ることで刺激、感覚が体に覚えこまれる。そのようなことを感じることで感覚的な行動や、瞬発的な行動など、瞬時な動きができるようにつながっていく。

ではどのようにすれば、そのようなことを感じ取ることができるのであろうか。

これは、指導する指導者の一つひとつの小さな活動の中の配慮で、体感運動へとつなげていくことができる。つまり、指導者に提示された動きを子どもが行っているうちに、自然と身につけていくということができるということである。それが「運動能力を引き伸ばすための体感あそび」である。

「あそび」といっても、ゲームやレクリエーションを行うことだけが遊びではない。運動だけに限らず「楽しい」や「またやりたい」など、興味を持たせることが大切であり、苦手な子どもにも「やってみよう」や「楽しそう」といったように、その動きに興味を持たせることが一番の指導法である。そこからが指導者の腕の見せどころ。いかにも「やりたい」と思うような仕掛けを子どもに提供する。逆に指導者は、子どもに興味を持たせた仕掛けの目的には、行いたい種目につながる動きを組み込む工夫や、つなげていくためのアイディアを考案する必要がある。しかし、子どもにもすぐに取り込める者もいれば、やっとのことで努力し取り込むことができるようになる者もいる。また、得意な者もいれば不得意な者もいる。その中で、やらない子どもにではなく、できない子どもに、「なぜできないの」と声掛けすることは指導ではな

く、最もやる気をなくさせる人格否定になる。なぜなら、できないのは子どもの努力ではなく、指導者の提示している内容が対象者である子どもの能力に適していないからだ。つまり、指導者の提示内容が子どもに対して適正でないため「できない」が生まれてくる。

そこで、出来ることを一つでも増やせていくことで、「楽しい」という興味が生まれ、そこから「やってみよう」のチャレンジ精神が芽生え、「よし、やろう」の積極性が育っていき、子どもは取り組んでいく。そのような興味を持たせる仕掛けを見出していくことが、保育者(指導者)として必要不可欠であり、それこそが真の指導者であると思われる。

指導の中で大切にしたいことは、理解させるための「話し方」、暇をさせないための「間」、そして興味を持たせるための「物」が挙げられる。

・理解させるための「話し方」

淡々と行う内容を伝えられても、何も耳に入ってこない。

わくわくさせるような声の強弱や、高い声、低い声を使った言い方や、返答が返ってくるような質問の仕方、参加者全員を見ながら話すことができる観察力や洞察力が重要である。

・暇をさせないための「間」

自由な時間(間)を与える指導者は、準備不足。指導者自身の準備不足なのに、「ちょっと待ってね」と自由時間を与え、静かに待っていない子どもを見ると「コラッ！静かに待ってなさい」と注意する。指導者が子どもに自由という時間を与えたのに、なぜか子どもが注意される。静かに待つことができる子どもの方が子どもらしくなく、逆に静かに待っている子どもを見ると、圧力で押さえつけられているのではないかと心配になる。そのようにならないためにも教材研究などの事前準備がとても必要である。

・興味を持たせるための「物」

注目させるための「はい、こっち見なさい。」

は強制で雑過ぎる。

　注目させたいのであれば、興味を持つような工夫が必要である。その工夫の一つとして、「物」を使う。この「物」は、どのような物でもよい。つまり、道具を使って興味を持たせるという手法である。

　以上の3つは、指導上において最も注意しなければない項目であり、永遠の課題でもある。

　そこで、興味を持たすための仕掛けと、そのポイント及び配慮を紹介していきたい。

1．道具や器具を使わない体感あそび

<特性>

　道具や器具を使わない遊びの中で、動物模倣については、必要な動きがたくさん組み込まれていることから、基礎運動能力向上のための導入的な体感あそびを紹介する。

<指導上のポイント>

　簡単で、だれでもできるようなことを組み込んでいくことで、「できる」「楽しい」「やりたい」「もう1回」と子ども達に笑いが出るように興味を持たせることが、種目の内容以上に1番重要である。そのあとに、指導内容や技術向上を図っていける種目を選択していく必要がある。現場の雰囲気は、現場にいる指導者がいちばんよくわかっているはず。よって、そこをよく把握し、ケガなく事故なく指導者も楽しみながら指導していただきたい。

<あそび方>

1）アザラシ

　・うつ伏せで寝ころび、両腕で上半身だけを起こし、下半身を引きずりながら前進する。その際、肘は曲げず伸ばしたままで体を支える。

<進化・発展のさせ方>

　・下半身の足は延ばし、肘は曲げずに腕だけ進む。その後、手押し車へと展開させる。

2）クマ

　・うつ伏せで寝ころび、四つ這いになり、両手、両足で体を支える。その際、床には両手と両足しか着いていない。

<進化・発展のさせ方>

　・手と足で体を支え、腰を落とさず四つ這いで進ませることで、体感バランスへと展開させる。

3）カエル

　・手をついてから足を手よりも前の外側に持ってくることで、自然に手首が返り床から離れる。これをリズムよく繰り返す。

<進化・発展のさせ方>

　・跳び箱の開脚跳びの抜き手へと進化展開させる。

4）ケンケン

　・はじめは好きな方の足でケンケンを行ったら、両足を揃えてグーで閉じ、次は違う方の足

でケンケンを行ったら、両足揃えてパーで足を
広げる。

<進化・発展のさせ方>
　・片足の体感とリズム運動に展開していき、
ケンケンはスキップに展開していく。
　・グーは跳び箱の踏切。パーは跳び箱開脚跳
びに展開していく。
　・その後、グー、パー、グー、パーと展開さ
せていく。

5）スキップ
　・ケンケンを交互に２回ずつからスキップに
展開させていく。

<進化・発展のさせ方>
　・片足の体感とスキップのリズム運動に展開
させていく。
　・楽しく笑顔で行うことで動作が大きくなる。

6）手を前で走る
　・腕をしっかり振って走ることを教えるため、
色々な走り方を体験する一つとして、手を前に
出して走る走り方を行い、走りにくさを体験さ
せる。

<進化・発展のさせ方>
　・転んだとしても手を前にしているため、手
をつくことができる。
　・肘の角度や姿勢などはあるが、腕を振る重
要性をまずは理解させる。

7）手を広げて走る
　・6）と同様、腕をしっかり振って走ること
を教えるために、色々な走り方を体験する１つ
として手を広げて走る走り方を行い、走りにく
さを体験させる。

<進化・発展のさせ方>
　・飛行機をイメージさせて走らせる。
　・周りの荷物に当たらないか確認する。

2．道具や器具を使った体感あそび
<特性>
　色々な道具がたくさんある。それを上手に活
用し、楽しいアイディアから技術向上を図れる
指導内容を紹介したい。

<指導上のポイント>
　「物」は活用方法によって、興味をもつことが多々ある。目的ばかりに捉われず、色々な「物」を利用しアイディアを出していくことが指導法としての近道である。また、やったことのない動きや、複数の種目があれば、子どもたちは興味を持ち、話も静かに聞くはずである。道具や器具を使った体感あそびを集中させるためには、興味を持たせる話術や種目を行う展開の速さがキーポイントを握っている。

<あそび方>
1）紙鉄砲
　・古紙などで紙鉄砲を作成し、「パンッ」と鳴らすように腕を振る。

<進化・発展のさせ方>
　・きれいに「パンッ」と鳴らすための腕の振りが、「投げる」の動作になる。
　・「パンッ」の音を大きくする。すると、体のひねりを使って腕を振る。

2）紙飛行機
・古紙などで紙飛行機を作成し、飛ばす。

<進化・発展のさせ方>
　・はじめは優しく飛ばす。すると、飛行機を手から放す時が、ボールを投げるタイミング。

　・2回目以降は、遠くに飛ばす。すると、体の重心を利用し体をひねる。それが遠くにボールを投げる投げ方。
　・1）の紙鉄砲からの展開に、2）紙飛行機の順で構成するとおもしろい。

3）風船キャッチ
　・自分で上に投げた風船を自分で捕る。それができれば、相手と投げ合いをしてもよい。

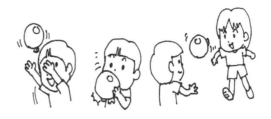

<進化・発展のさせ方>
　・風船を使いそこからボールへ展開する。
　・風船がなければビニール袋でもかまわない。

4）ボールキャッチ
・自分で下に落としたボールを、自分で捕る。

<進化・発展のさせ方>
　・3）からの進化として行うとよい。
　・一人で出来れば、相手と（複数回のバウンドでも可で）キャッチを行う。

5）ゴムジャンプ
　・太めのゴムを色々な色のハチマキと交互にコーンとコーンの間にくくり、高さは高いところと低いところを作って斜めにしておく。
<進化・発展のさせ方>
　・色々な色のハチマキを使うことで、高さの

目安ができる。

　・ゴムの高さは、月齢差と能力差の配慮である。

　・出来るようになったら高さを調整する。

6）連続ゴムジャンプ

　・コーンとコーンの間に、太めのゴムとハチマキを交互に結んだひもを低めに３列作り、リズムよくトントントンとゴムを正確に踏んで進む。

＜進化・発展のさせ方＞

　・連続にリズミカルにトントントンとゴムを連続に踏む。できれば複数並べる。

　・自分で考える距離と実際の距離がつかめているかを体験する。

　・出来るようになったらゴムの高さとゴムの細さも調整する。

7）マントをなびかせて走る

　・ゴミ袋や新聞紙などの古紙をマントにして、マントがなびくように走る。

＜進化・発展のさせ方＞

　・マントが風でなびくように走る。

　・マントを意識することで、走ることが苦手な幼児も参加しやすい。

8）ジグザグ走

　・コーンとコーンの間をジグザグに走る。

＜進化・発展のさせ方＞

　・コーンとコーンの間隔を狭くしたり、スピードを速くしたりと敏捷性を高める。

　・インコースに体を傾けるなど、速く走れる方法を一緒に考えながらチャレンジする。

３．　水の特性を使った体感あそび

＜特性＞

　陸上運動にはない水中運動ならではの水の特性が、水温、浮力、抵抗、水圧であり、それを上手に利用し活用しながら体感あそびを行い楽しむ。また、水には流れや波がある。バランス

を取らないと立てない。つまり、水の中にいる
だけで十分体感は取れる。

＜指導上のポイント＞

　水は子どもにとって、とても興味を持つ遊び
である。水に浸かるだけで喜び、笑顔になる。
しかし、水を嫌う子どもも少なくないため、水
への恐怖心を取り除く遊びの配慮が必要になっ
てくる。子どもは、水が溜まっている場所(プー
ルやお風呂)や、深いと思う場所(心臓より以上)
には恐怖心を持つ。それは、親や指導者が原因
となるケースもある。子どもは、大人を信用し
ているのにと、何気ないちょっとした「あっ」っ
て思うことがきっかけで、危険という信号が送
られ、危険であることはしないという子どもな
りの危険予測が生まれ、水は危険であるという
固定概念に陥ってしまうのである。よって、水
遊びの楽しさを伝え、顔つけや、潜るなどを行
わせるためにも、大人との信用関係と、的確な
指導が明確になれば怖がることなく楽しむはず
である。しかし、水は楽しく笑顔にさせてくれ
る道具である反面、危険を伴い、死に至るケー
スもある。よって、くれぐれも入念な安全面の
配慮が必要となる。

　そこで、プールに入る際は、水位の調節や、
プールフロアーのような底上げ道具を活用する
のもよい。

＜あそび方＞

1）蝶や鳥になって

　・水の中で手を広げ、蝶々(鳥)さんのよう
に広げて水をたたく。

＜進化・発展のさせ方＞

・蝶々は優しく、鳥はややきつく水をたたく。
・水しぶきを利用しみんなにかかるよう、蝶々

や鳥に使い分ける。

　・水を直接かけられると嫌がる者がいるが、
間接的にかかると嫌がる者は少ない。

2）口（鼻）でブクブク

　・口（鼻）まで水につけて息を吐く。

＜進化・発展のさせ方＞

　・長くブクブクが出来るのはだれか。競い合っ
てみてもよい。

　・初めて行う時と、少し慣れてきた時に水が
鼻に入ることが多いので、口を大きく開けて呼
吸することを徹底して指導する。

　・口や鼻を水に浸けるのが苦手な幼児には、
シャワーの水を頭からかけ流しながら口や鼻か
ら息を出すことから始めるのもよい。呼吸する
時は必ず口で行うことを徹底する。

3）石ころ拾い

　・石ころをプールに落とし、それを拾う。

＜進化・発展のさせ方＞

　・洗濯ボールのようなカラフルなボールを用
意し、プールの底に沈める。沈めたボールを拾
うという遊びであるが、プールの水深は浅い所
と深い所があるので、苦手な者、得意な者で場
所を選ぶ。

・あまりにも浅すぎると、顔をつけなくても取れてしまうケースがあるため、場所選びが重要である。

4）ロケット

・手を上にあげて手と手を重ねロケットを作る。1, 2, 3でジャンプする。

＜進化・発展のさせ方＞

・ジャンプした際、着地で滑って転ぶことも想定し、危険でない場所で行うとともに、すぐに助けられる立ち位置に指導者は立つこと。

・ジャンプ後、水しぶきが顔にかかることや、滑って転ぶことも体験する。

5）飛び込み

・子どもはプールフロアーを二段に積んで、指導者の方には飛び込む。

＜進化・発展のさせ方＞

・ジャンプした際、着地で滑って転ぶことも想定し、すぐに助けられる立ち位置や、危険でない場所を選び行う。

・ジャンプ後、水しぶきが顔にかかることや、滑って転ぶことも体験する。

6）おもちゃのチャチャチャ

・おもちゃのチャチャチャの歌に合わせてみんなで行う。「チャチャチャ」の時は、手で水をたたく。「おもちゃは箱を飛び出して」の時は、みんなで水を上にすくい上げる。それ以外は大きな声で歌う。

＜進化・発展のさせ方＞

・水しぶきを利用してみんなで楽しく遊ぶ。

・慣れてきたら、もっと派手に水しぶきをあげる。

7）だるま浮き

・その場で、足を床から放して水中で浮く。

＜進化・発展のさせ方＞

・足を床から放して浮くという動作には、「顔をつける」「体を丸める」という動作があるため、恐怖心による難易度が高い。

・慣れてきたら、体をできる限り丸めて浮いてみる。そこからじゃんけんなどのゲームへと展開していくこともよい。

　子どもに限らず人は、興味のある事には自ら取り組むが、苦手な事はなかなか腰が上がらない。しかし、ちょっとしたきっかけの手を差し伸べてあげることで「楽しさ」や「おもしろさ」を共感し合える。体を動かすことが苦手や嫌いなものが「できた」や「できるようになった」体験が、一番の特効薬になることを指導者は知っていてもらいたい。

□ 著者紹介・執筆分担（執筆順、◎印編者）□

山﨑 英幸（やまさき　ひでゆき）
　関西女子短大学 保育学科 教授　〔第1部〕第1章、〔第2部〕第4章

矢野 正（やの　ただし）
　大阪信愛学院大学 教育学部 教育学科 教授　〔第1部〕第2章

村田 トオル（むらた　とおる）
　大阪青山大学 子ども教育学部 子ども教育学科 教授　〔第1部〕第3章

◎**髙木 信良**（たかぎ　のぶよし）
　関西女子短期大学 名誉教授　〔第1部〕第4章、第5章

岸本 みさ子（きしもと　みさこ）
　千里金蘭大学 生活科学部 児童教育学科 准教授　〔第2部〕第1章

中村 泰介（なかむら　たいすけ）
　大阪大谷大学 教育学部 教養学科 准教授　〔第2部〕第2章

阪江 豪（さかえ　ごう）
　大阪人間科学大学 人間科学部 子ども教育学科 助教　〔第2部〕第3章

吉井 英博（よしい　ひでひろ）
　大阪千代田短期大学 幼児教育科 准教授　〔第2部〕第5章

安井 嘉佑（やすい　よしすけ）
　大阪教育福祉専門学校 専任講師　〔第2部〕第6章

辻田 昌紀（つじた　まさき）
　社会福祉法人 岡町福祉会 明の守みくに学園 園長
　イラスト〔第1部〕第5章、第2部

幼児期の運動遊びと健康
―理論と実践 ―

2020 年 6 月 11 日　初版発行	**定価（本体 2,000 円＋税）**
2022 年 4 月 21 日　再版発行	

編著者	**髙 木 信 良**
発行者	**宮 脇 陽 一 郎**
発行所	株式会社 **不昧堂出版**
	〒 112-0012
	東京都文京区大塚 2 丁目 14 番 9 号
	電話 03-3946-2345　FAX03-3947-0110
	Email:fumaido@tkd.att.ne.jp
印刷製本	**音羽印刷** 株式会社